GÉOGRAPHIES DU MONDE
sous la direction de Frank Lestringant
43

Un mois aux États-Unis et au Canada en 1886

Tony Visinet

Un mois aux États-Unis et au Canada en 1886

Traversée de l'Atlantique par les paquebots neufs rapides de la Compagnie Générale Transatlantique

Édition critique par Mathieu Lafond et Frank Lestringant

PARIS
CLASSIQUES GARNIER
2025

Mathieu Lafond, ingénieur retraité, originaire de Rouen, est un arrière-arrière-petit-neveu de Tony Visinet.

Frank Lestringant, professeur émérite à Sorbonne Université, a publié une quarantaine de livres portant notamment sur la conquête du Nouveau Monde et la littérature des guerres de Religion. Il a été professeur invité dans plusieurs prestigieuses universités américaines.

ISBN 978-2-406-18732-5 (livre broché)
ISBN 978-2-406-18733-2 (livre relié)
ISSN 1279-8428

INTRODUCTION

Un récit de voyage exceptionnel

Une ville presque plate, comme l'île de Manhattan qui lui sert de support, telle est alors New York. Une ville qui n'occupe encore que la moitié sud de l'île jusqu'aux confins de Central Park, immense rectangle végétal déjà tracé, une ville plate et rectiligne, sans le moindre gratte-ciel, avec de rares immeubles de cinq ou six étages, de dix étages tout au plus. Ainsi en 1886 se présente New York, qui, au cours des années suivantes, va se hérisser de tours, se redresser sur son socle pour atteindre, de mille épingles dressées vers le haut, les nuages. C'est cette platitude presque infinie que découvre, du paquebot bientôt rangé le long d'un de ses innombrables wharfs, le voyageur venu d'Europe au terme d'une navigation transatlantique d'une bonne semaine.

La cause de cette surrexion tardive est la mise au point relativement délicate des ascenseurs électriques, qui vont enfin permettre à la métropole d'Amérique du Nord de décoller, de monter vers le ciel et de s'épanouir, au-delà des nuages, dans un bouquet d'acier, de béton et de verre.

Quel contraste avec « la ville debout » qu'évoque Céline dans *Voyage au bout de la nuit*, une quarantaine d'années plus tard ! Chez nous, écrira-t-il, « elles sont couchées les villes, au bord de la mer ou sur les fleuves, elles s'allongent sur le paysage, elles attendent le voyageur », tandis que l'Américaine, elle ne se pâme pas, elle se tient bien raide, « raide à faire peur[1] ».

En 1886, New York est une ville à peu près plate et monotone, marquée tout au plus de rares éminences éparses. Telle est la ville immense et tristement uniforme que découvre en 1886 Tony Visinet, l'auteur des pages qui suivent. New York est le point de départ d'un voyage d'un mois en chemin de fer à travers l'Est des États-Unis et le

1 Céline, *Voyage au bout de la nuit*, Paris, Gallimard, « Folio », 2025, p. 230.

Canada, dominion de l'Empire britannique, lui aussi en pleine expansion. Ce natif de Rouen, alors agent commercial en Angleterre de la *Compagnie des Chemins de Fer de l'Ouest*, appartient à une délégation des compagnies de chemin de fer françaises invitées par leurs homologues des États-Unis et du Canada, à l'occasion de l'ouverture par la *Compagnie Générale Transatlantique* d'un service de desserte de la ligne Le Havre – New York par de nouveaux paquebots *rapides*. Dans ce qu'il qualifie de « simples notes de voyage prises au vol », Visinet raconte ce qu'il a vu et éprouvé au jour le jour.

TONY VISINET, UN ESPRIT UNIVERSEL

Auguste-Antonin Visinet, dit Tony, est né en 1837 à Rouen, métropole de la Haute-Normandie et port fluvial sur la Seine, chef-lieu de la Seine-Inférieure, aujourd'hui Seine-Maritime, et décédé dans la même ville en 1905. Il est le fils aîné d'Auguste-Théodore Visinet (1797-1857), grande figure libérale rouennaise de la Restauration et de la monarchie de Juillet. Un Franc-Maçon, comme il se doit, qui a foi dans le progrès républicain et dans les innovations techniques, qui profitent au plus grand nombre.

Ce père, brillant juriste parisien, défenseur des fameux « Sergents de La Rochelle », exécutés pour rébellion républicaine le 21 septembre 1822, économiste disciple de Jacques Laffitte, franc-maçon, membre de la société *Aide-toi, le Ciel t'aidera*, fut appelé en 1828 à prendre le poste de rédacteur en chef du *Journal de Rouen* pour en faire une feuille d'opposition libérale. Leader rouennais de la révolution de Juillet 1830, il quitte en 1834 la rédaction du *Journal de Rouen* pour devenir gérant associé de la *Compagnie d'Eclairage par le gaz hydrogène de la Ville de Rouen*, qu'il a contribué à créer en association avec son ami Antoine Pauwels[2]. Durant la crise économique de 1846-1847, il se couvre de dettes et hypothèque tous ses biens, afin de maintenir emplois et salaires dans son entreprise et de faire crédit à ceux qui ne pouvaient plus payer

2 Antoine Pauwels (1896-1852) installa la première usine à gaz à Paris et y introduisit l'usage du gaz d'éclairage.

le gaz. Acteur de la révolution de 1848, il est alors nommé préfet de l'Orne, poste dont il sera révoqué en 1849 par le Prince-Président Louis-Napoléon Bonaparte, le futur Napoléon III. Ruiné et atteint de paralysie, il reprend alors la rédaction du *Journal de Rouen* jusqu'à sa mort en 1857.

Libéral et franc-maçon comme son père, Tony Visinet hérite de son esprit universel et progressiste. Né dans l'aisance d'une famille d'industriels, il est d'abord élève du lycée Corneille de Rouen. À la suite de la nomination de son père au poste de préfet, il poursuit ses études au lycée d'Alençon, où il demeure en tant qu'interne et boursier après la révocation de son père. Tant en raison des difficultés financières de sa famille que du projet éducatif de son père qui voulait le voir commencer par travailler de ses mains, il renonce à entreprendre des études supérieures et accepte en 1855 un emploi d'ouvrier ajusteur aux ateliers *Buddicom* spécialisés dans la construction de locomotives.

Puis il entre aux *Chemins de fer de l'Ouest* où ses qualités intellectuelles, morales et relationnelles lui permettront de gravir les échelons. D'abord simple chauffeur, il y sera dessinateur en 1866, inspecteur du matériel et de la traction affecté à la ligne Paris-Londres par Dieppe en 1877, et enfin agent commercial en Angleterre.

Parlant parfaitement l'anglais et excellent expert des chemins de fer, tant du point de vue technique qu'économique, auteur de nombreuses publications à leur sujet, Tony Visinet sera notamment envoyé par sa direction en 1893 à l'exposition universelle de Chicago pour y étudier l'exploitation des chemins de fer.

En 1847, il a dix ans, lorsque son père l'initie au reportage en l'emmenant avec lui visiter la Suisse et les États Sardes, c'est-à-dire le Piémont et la Sardaigne. Puis il se forme au journalisme à l'école de ce père malade. Lorsque celui-ci est atteint de paralysie puis de cécité, il recourt à ses enfants pour lui lire la presse et écrire des articles sous sa dictée.

Après la mort de son père, en parallèle avec sa vie professionnelle au service des chemins de fer, Tony Visinet exerce une activité de reporter pour le compte de divers journaux tels que le *Journal de Rouen*, le *Progrès de la Somme*, la *Revue et Gazette des Théâtres.* Rien qu'en 1886, le *Journal de Rouen* publie le récit de son voyage d'*un mois aux États-Unis et au*

Canada, puis son reportage du voyage d'essai du paquebot *Le Gascogne* de la Compagnie Générale Transatlantique, qui, en août, le mène de Marseille au Havre en passant par Alger, Oran, Gibraltar, Tanger, Lisbonne, et enfin, en octobre, l'envoie, en tant que journaliste reporter, accompagner la délégation française qui, autour d'Auguste Bartholdi et de Ferdinand de Lesseps, se rend aux États-Unis pour inaugurer la célébrissime Statue de la Liberté offerte par la France.

Lors du décès de Tony Visinet, le *Journal de Rouen* écrit à son sujet : « La rédaction du *Journal de Rouen* … regardait M. Visinet comme un collaborateur fidèle ». C'est le moins que l'on puisse dire !

Les activités de reporter de Tony Visinet furent facilitées par sa parfaite maîtrise de l'anglais. Il fut vraisemblablement initié dès l'enfance à cette langue. En effet, sa mère avait appris l'anglais et il vécut à Rouen à une époque où les Anglais exerçaient une grande influence dans le milieu des industriels, auquel appartenait son père. Rappelons que la ligne de chemin de fer de Rouen, l'une des premières établies en France, le fut par une compagnie anglaise. Légèrement en amont de la ville, le viaduc d'Eauplet qui, de son canevas métallique, enjambe la Seine et l'extrémité orientale de l'île Lacroix, pour supporter la voie ferrée vers Paris, fut longtemps appelé le « Pont aux Anglais ».

Par la suite, sa connaissance de l'anglais orienta sa carrière aux Chemins de Fer de l'Ouest, où les postes qui lui furent confiés l'amenèrent à leur tour à se perfectionner dans cette langue. Surnommé l'*Anglais* par sa famille et ses amis, il vécut entre la France et l'Angleterre et fit ainsi plus de mille fois le trajet Paris-Londres aller et retour, comportant la traversée de la Manche par bateau entre Dieppe et Newhaven.

ILL. 1 – Photo extraite du memento mortuaire de Tony Visinet.

Cette image pourrait correspondre au portrait que le Journal de Rouen du 8 février 1905 dressait de Tony Visinet : « Gai, familier, obligeant, doué d'une mémoire prodigieuse qui lui rappelait à point nommé les physionomies, comme les faits et mêmes les dates, il reconnaissait tout le monde et appelait chacun par son nom. »

UNE AMÉRIQUE ACCESSIBLE…

Lorsque Tony Visinet inaugure en 1886 la desserte de la traversée Le Havre – New-York par de nouveaux paquebots rapides, cela fait déjà plus de vingt ans que la Compagnie Générale Transatlantique a créé cette ligne régulière.

En effet, à partir du milieu du XIXe siècle, la vapeur affranchit la navigation des aléas du vent et confère ainsi aux armateurs une maîtrise suffisante de la durée des traversées pour garantir une périodicité fixe des départs. De manière concomitante, le développement des réseaux de chemin de fer, tant en Europe qu'aux États-Unis, permet d'acheminer au départ et à l'arrivée les flux de passagers, de courriers et de marchandises nécessaires à rentabiliser des lignes régulières. En 1864, la

Compagnie Générale Transatlantique ouvre un service postal entre Le Havre et New York. La traversée dure alors plus de 10 jours. Dotée de trois paquebots à aubes, la ligne assure un départ par quinzaine dans chacun des deux ports.

Dix ans plus tard, grâce à la modernisation de la flotte désormais propulsée par hélice, la ligne passe à un départ hebdomadaire. En 1883, pour obtenir le renouvellement de sa convention postale avec l'État, l'armement s'engage à équiper la ligne de quatre paquebots rapides d'une vitesse supérieure à 15 nœuds. Le 21 mai 1886, les ministres du commerce et des postes se rendent au Havre pour célébrer en grande pompe l'ouverture de ce nouveau service. Tony Visinet prend place le lendemain à bord de *La Champagne*, premier de ces quatre nouveaux paquebots à traverser l'Atlantique.

… MAIS QUI ATTIRE ENCORE PEU DE VISITEURS FRANÇAIS

Cependant, si en 1886, chemins de fer et navires à vapeur facilitent grandement un voyage en Amérique, peu nombreux sont les Français qui ont visité les États-Unis et le Canada et moins encore ceux qui en ont publié le récit.

La majorité des passagers des paquebots transatlantiques est constituée de migrants, parmi lesquels une très petite minorité de Français. La plupart de ces migrants, irlandais, scandinaves, allemands, polonais, italiens, partent pour un voyage sans retour, et si certains n'effectuent que des migrations saisonnières, ils ne visitent guère que leur lieu de travail. Les Américains des classes aisées viennent faire le « grand tour » de l'Europe ou, plus régulièrement, passer l'été dans une capitale européenne. Mais l'Amérique manque encore d'atouts pour attirer les touristes européens et plus particulièrement les Français.

DES PREMIERS VISITEURS PEU ENTHOUSIASTES

En cette ère de la vapeur, le prince Napoléon[3] compte parmi les premiers Français à visiter l'Amérique du Nord. Fin juillet 1861, il se rend à New York à bord de son yacht à hélice. Au cours d'un périple de deux mois, il visite l'Est des États-Unis, alors au tout début de la guerre de Sécession[4], ainsi que le Bas-Canada. Empruntant les transports publics, mêlé à la population locale, il parcourt les voies terrestres en chemin de fer et les voies navigables en steamer. Ce voyage fait l'objet de deux récits, celui du Lieutenant-Colonel Ferri Pisani, aide de camp du Prince, et celui de Maurice Sand, le fils de George Sand, invité du Prince.

Dans la collection de lettres adressées à sa mère et publiées en 1862 sous le titre *Six mille lieues à toute vapeur*[5], Maurice Sand brosse un portrait peu séduisant des États-Unis : des villes sales et dépourvues de monuments remarquables ; des hôtels inconfortables ; des paysages certes grandioses, mais situés dans des contrées sauvages, voire dangereuses et, à l'exception de rares sites bien équipés comme les chutes du Niagara, privées de toute infrastructure touristique. Des migrants d'origine européenne aux mœurs grossières, des noirs aussi serviles que maltraités. Un exotisme culturel limité à la rencontre de rares Indiens.

UN VOYAGE RISQUÉ

Dans le *Tour du monde en 80 jours*, publié en 1872, une quinzaine d'années plus tôt, Jules Verne, qui fait traverser les États-Unis d'Ouest en Est, et de la Californie à New York, par son héros Phileas Fogg et son domestique Passepartout en dix jours seulement, consacre une

3 Napoléon Jérôme Bonaparte (1822-1891) est le cousin de Napoléon III.

4 La guerre de Sécession commence le 12 avril 1861.

5 Ce recueil de lettres décrit, dans sa première partie, le voyage du Prince Napoléon en Algérie qui précéda, en 1861 également, celui en Amérique. Vingt-cinq ans plus tard, en 1886, Tony Visinet accomplit le même périple, mais son voyage en Algérie suit celui en Amérique.

grande part de son récit aux accidents du voyage en chemin de fer : effondrement d'un viaduc au passage du train, attaque de féroces Sioux armés de fusils, etc.[6] À ces risques romanesques, au demeurant bien réels, s'ajoutent ceux, plus prosaïques, de la traversée transatlantique. Rien que pour la *Compagnie Générale Transatlantique*, en novembre 1873, le naufrage du *Ville de Havre* fait 226 morts sur les 313 passagers et membres de l'équipage ; en avril 1874 l'*Europe* et quelques jours après l'*Amérique* font naufrage, toutefois sans victimes.

Ce tableau peu engageant ne dissuade pas Edmond Cotteau, journaliste français, qui, en 1876, sans autre bagage qu'un sac à dos, se lance dans un tour complet du Bas-Canada et des États-Unis. Le récit de son voyage, publié dans l'hebdomadaire *Le Tour du Monde*, est repris en 1877 sous le titre *Six mille lieues en soixante jours-Amérique du Nord* par la *Société des sciences historiques et naturelles de l'Yonne*.

Dans la préface de l'édition de 1886, il encourage les Français à visiter l'Amérique du Nord : « En publiant ce livre, … j'ai voulu montrer combien ces excursions lointaines, si rarement entreprises par nos compatriotes, sont devenues faciles et relativement peu coûteuses. Quelques mois et quelques milliers de francs suffisent pour les mener à bonne fin ».

Il explique en quelques lignes sa méthode de voyager, et livre même un guide pour tous ceux qui voudraient s'inspirer de son exemple : « C'est ainsi qu'il m'a fallu seulement deux mois et une somme de trois mille francs pour franchir l'Atlantique, voir les principales villes du Canada, le Niagara et Chicago, traverser tout le continent américain dans sa plus grande largeur, de l'embouchure du Saint-Laurent aux rivages de l'Océan Pacifique, par les prairies du *Far West*, les Montagnes Rocheuses, le grand Désert des États-Unis et la Sierra-Nevada de Californie, visiter San Francisco, le pays des Mormons et la ville du Lac-Salé – autrement dit Salt Lake City –, les grandes cités de l'Ouest, Washington et ses musées, Philadelphie et l'exposition universelle du Centennial, le fleuve Hudson et New York ».

---

6 Jules Verne, *Le Tour du monde en quatre-vingts jours*, édition de William Butcher. Illustrations par de Neuville et L. Benett, Paris, Gallimard, « Folio », 2009, ch. XXVIII-XXIX, p. 254-276.

TONY VISINET, BEAUCOUP PLUS QU'UN SIMPLE TOURISTE

Cette publicité d'Edmond Cotteau a-t-elle produit un effet sur les Français ? Quoi qu'il en soit, le voyage qu'entreprend Tony Visinet en 1886 dépasse les limites du simple tourisme. Son périple d'un mois aux États-Unis et au Canada est certes moins étendu que celui d'Edmond Cotteau. Il ne va pas jusqu'au déjà célèbre *Far West*, où se ruent pionniers, chercheurs d'or et aventuriers, et se borne sagement à la visite de l'Est des États-Unis et du Canada, dans des voitures de chemin de fer du meilleur confort : New York, Philadelphie, Washington, Boston, les chutes du Niagara, Detroit, Chicago, Milwaukee, Québec, Montréal et Ottawa.

Cependant, le cadre officiel du voyage d'une délégation des compagnies de chemin de fer françaises invitée par leurs homologues des États-Unis et du Canada, permet à Tony Visinet de rencontrer des personnalités, telles que Carter Harrison, maire de Chicago, Honoré Beaugrand, maire de Montréal, le président de la chambre de commerce de Chicago, les dirigeants ou cadres de haut-rang des compagnies américaines de chemin de fer.

La rencontre la plus impressionnante est celle de Stephen Grover Cleveland, 22e président des États-Unis, qui les reçoit sans façon à la Maison Blanche ou, comme l'écrit Visinet, à White House. À Tony Visinet et à ses compagnons, qui sont en costume de voyage et n'ont pas eu le temps de se changer, il donne « une formidable poignée de main ». Et la conversation s'engage, tout à la fois conduite et traduite par Tony Visinet. L'audience ne dure que dix minutes. Après quoi, nouvelle poignée de main « formidable » du président qui s'éclipse, et visite par les Français des appartements de White House. Conclusion quelque peu dédaigneuse de Visinet : « La résidence officielle du président des États-Unis représente un bel hôtel de l'Avenue du Bois de Boulogne. Les Américains commencent à trouver que ce n'est pas assez grandiose comme représentation[7] ». Depuis, comme il se doit, la Maison-Blanche a été agrandie.

7 Voir ci-après p. 78.

À Washington encore, Visinet se voit ouvrir les portes de la Chambre des Représentants, où la disposition de l'hémicycle est semblable à celle du Palais-Bourbon. Un orateur y hurle et gesticule, hors d'haleine et incompréhensible. Au Sénat voisin, où les rangs sont clairsemés, quelques sénateurs, accablés par la chaleur tropicale qui s'est abattue sur la capitale fédérale en cette fin du mois de juin, sommeillent pendant les débats.

Tout aussi frappante est la visite des bourses de New York et de Chicago, où l'on spécule et parie à tout va, des usines Pullman, où sont construits par centaines les célèbres wagons-lits, des boucheries et abattoirs de Chicago, où promptement l'on égorge et saigne avec vélocité cochons et bœufs par centaines de milliers. Un sursaut de dégoût saisit les visiteurs qui ne s'attendaient pas à voir un tel spectacle et leur coupe l'appétit pour le repas du soir. Il y a encore, quelques jours plus tard, la visite des établissement Edison à New York, où tout se gère par l'électricité, éclairage public et moteurs des trains de l'Elevated Manhattan Railroad.

Tony Visinet profite pleinement de ces opportunités exceptionnelles. Sa maîtrise de la langue anglaise lui vaut de conduire la conversation en tant qu'interprète de la délégation française. Ses compétences techniques et économiques, son humanité font de lui un observateur et un interlocuteur particulièrement averti et apprécié.

À UNE ÉPOQUE CHARNIÈRE DU DÉVELOPPEMENT DE L'AMÉRIQUE DU NORD

En 1886, une génération s'est écoulée depuis la fin de la guerre de Sécession (1865). Les États-Unis sont alors au milieu d'une période qualifiée de Gilded Age, autrement dit d'Âge doré ou, de manière plus péjorative, d'Âge du toc[8]. Cette période de grande prospérité, qui s'étend de 1865 à 1901, mais qui profite surtout à une petite minorité de grandes familles, celles des John D. Rockefeller, des J. P. Morgan

---

8 D'après le titre du livre des écrivains Mark Twain et Charles Dudley Warner, *The Gilded Age : A Tale of Today*, Hartford Connecticut, American Publishing Company, 1873.

et autres Andrew Carnegie[9], est celle de la reconstruction qui suivit la fin de la guerre de Sécession, du développement rapide de la mécanisation de l'agriculture, de l'essor des grandes industries, de la croissance accélérée des agglomérations urbaines, de flux d'immigrants toujours plus nombreux, attirés par des salaires bien supérieurs à ceux alors pratiqués en Europe.

Unifié par l'intégration des Provinces Maritimes à l'Est et de la Colombie britannique à l'Ouest et doté de son statut de Dominion depuis 1867, le Canada connaît une période de prospérité analogue. Seul élément qui témoigne de son retard par rapport aux États-Unis, l'achèvement imminent de son chemin de fer transcontinental, dont Tony Visinet manque l'inauguration à une semaine près. Plus au sud, quatre voies franchissent depuis longtemps le continent et relient la rive atlantique à la rive pacifique, ouvrant la Californie à la ruée des chercheurs d'or et autres colons.

Tony Visinet est témoin de ces transformations. Il visite des villes telles que New York, Washington, Chicago, Detroit, Ottawa, Montréal, Boston, qui sont encore, pour certaines d'entre elles, de vastes chantiers aux chaussées défoncées ou inexistantes et aux constructions toutes semblables. Il constate les dévastations infligées aux forêts par la construction des voies ferrées et le défrichement accéléré des terres agricoles. Mais surtout il découvre une Amérique qui, s'appuyant sur ses immenses ressources matérielles et humaines, met en œuvre des solutions techniques et économiques innovantes et originales, et atteint déjà en ce domaine un niveau de développement qui égale, voire surpasse celui de la vieille Europe, « l'Europe aux anciens parapets », comme la définissait Rimbaud une vingtaine d'années plus tôt[10].

Perspicace, Tony Visinet prévoit dans sa conclusion les conséquences de ce développement accéléré : « Pour résumer mes impressions de voyage en Amérique, j'admire les grandes choses que j'y ai vues, mais j'appréhende l'avenir, économiquement parlant, et cela prochainement, pour la vieille Europe ».

Ses craintes portent en particulier sur l'agriculture, dont il a vu la considérable extension dans les plaines sans fin et d'ores et déjà mises

9 Voir Pascal Riché, « Le testament du président McKinley », *Le Monde*, vendredi 4 avril 2025, p. 26.

10 Arthur Rimbaud, « Bateau ivre », v. 88.

en culture du Middle West. Un léger regret aussi : les Américains sont pour leur part à l'abri d'une vétilleuse administration qui, dès cette époque en Europe, et en particulier en France, contrôle et entrave toute initiative.

Quels points sont à retenir de ce périple ferroviaire accompli à grande vitesse ? Tout d'abord, un regard spatial avéré, l'étendue prévalant sur toute autre considération, et la distance parcourue étant la préoccupation principale de Visinet, jour après jour. En cela, il se montre fidèle héritier de Phileas Fogg, dont les aventures accélérées sont dans l'esprit de tout un chacun. Par exemple à Baltimore, il ne voit à peu près rien du centre ville, le train qui entre en gare s'engageant dans une tranchée.

Le second point est la question raciale persistante, que la guerre de Sécession est bien loin d'avoir réglée, comme le déclare un noir rencontré à Washington à la Maison Blanche et qui s'exprime dans un français parfait, sans doute un noir originaire de la Nouvelle-Orléans : « Ne croyez rien de ce l'on vous dit là, Messieurs, il n'y a pas de vraie liberté dans un pays où une race en opprime une autre[11] ». Et il lance aux visiteurs étonnés et en même temps ravis : « C'est seulement chez vous, en France, que règne la vraie liberté sous le rapport des races et non ici. Vive la France ! »

Le problème, que ne semble pas voir Visinet ni aucun de ses compagnons de voyage, est qu'au même moment la France de la Troisième République est en train de fonder un vaste empire colonial en Afrique et en Asie, du Sénégal au Tonkin, au mépris évident de l'égalité des races et des peuples.

Les derniers traits du tableau que brosse Visinet de l'Amérique en expansion et des Américains sont en revanche tout-à-fait heureux : le primat de l'économie sur tout autre aspect de la société ; enfin un optimisme bien ancré et partagé par toutes les classes sociales.

Ajoutons à cela, après la coûteuse guerre de Sécession, l'absence de guerre prévisible, à la différence de l'Europe, qu'un quart de siècle à peine sépare de la conflagration générale de la Première Guerre Mondiale, désastre qu'amplifiera encore, vingt ans plus tard, la Seconde Guerre Mondiale.

---

11 Voir ci-après p. 79-80.

Un voyage dans une Amérique alors encore méconnue, voire inconnue des Français, des rencontres et des visites exceptionnelles, un voyageur à l'esprit universel, une plume vive et agréable, tels sont les ingrédients du récit de Tony Visinet intitulé « Un mois aux États-Unis et au Canada – 1886 ». Ces qualités, qui font encore aujourd'hui son intérêt, lui valurent d'être publié dans sa majeure partie dès 1886 dans le quotidien le *Journal de Rouen*, avant d'être repris in extenso en 1887 par les éditions de la Compagnie Générale Transatlantique.

Mathieu LAFOND
& Frank LESTRINGANT

NOTE SUR LA PRÉSENTE ÉDITION D'*UN MOIS AUX ÉTATS-UNIS ET AU CANADA* DE TONY VISINET

Le texte que nous présentons ici est celui de l'unique édition publiée à Paris par la Compagnie Générale Transatlantique, 6, rue Auber, en 1887. Cet élégant volume de 136 pages fut mis à la disposition des passagers des traversées ultérieures. Avant d'être réunies en volume, les pages qui suivent, à l'exception de rares passages que nous signalons, avaient été publiées dès 1886 en feuilleton dans le *Journal de Rouen*.

Le présent volume offre le texte original dans son intégralité, accompagné de notes qui précisent le sens des passages délicats, ainsi que l'identité des personnages et notamment des passagers de *La Champagne* à l'aller et de *La Bourgogne* au retour. La ponctuation d'origine a été respectée. Les seules légères retouches que nous nous soyons permises sont la suppression des tirets instillés dans les noms doubles comme New York ou des accents aigus qui se glissent inopinément sur des e non accentués, comme dans le nom de la ville de Detroit. De rares coquilles ont été corrigées.

Mathieu LAFOND
& Frank LESTRINGANT

UN MOIS AUX ÉTATS-UNIS ET AU CANADA

PRÉFACE

Les pages qui forment ce volume n'étaient pas, dans la pensée de l'auteur, destinées à la publicité ; c'étaient de simples notes de voyage, prises au vol pour quelques amis intimes. Les circonstances ont voulu qu'il en fût autrement.

Je n'ai pas la prétention d'avoir découvert l'Amérique. Je ne crois pas davantage avoir pu connaître à fond, en un mois de séjour, deux grands pays comme les États-Unis et le Canada.

J'ai simplement raconté ce que j'ai vu et éprouvé, au jour le jour, dans ce voyage, si intéressant pour moi et mes collègues des Compagnies de chemins de fer français.

Qu'il me soit permis d'adresser l'expression de mes plus sincères remerciements, d'abord à M. Eugène Pereire, président de la Compagnie Transatlantique. C'est à son initiative et à sa courtoisie que les Compagnies de chemins de fer ont dû d'être conviées, en la personne de leurs délégués, à l'inauguration du service postal rapide entre le Havre et New York, dont *La Champagne* a été le pionnier.

Je dois également adresser l'expression de ma reconnaissance à MM. Edward Blount, président du conseil d'administration de la Compagnie de l'Ouest, et à M. Marin, directeur, qui ont bien voulu me choisir comme un de leurs délégués pour accomplir, dans des conditions inespérées pour moi, ce voyage intéressant.

TONY VISINET
Juin 1887

UN MOIS AUX ÉTATS-UNIS ET AU CANADA

EN MER, – À BORD DE *LA CHAMPAGNE*

22 mai 1886

Nous venons de quitter le Havre à bord du splendide steamer de la Compagnie Transatlantique. Les chefs des Compagnies de l'Ouest, de Paris-Lyon-Méditerranée et de la Compagnie Transatlantique, représentés par MM. Delarbre, vice-président, Marin et Clerc, directeurs, Chardon, sous-chef d'exploitation, et Foulon, secrétaire de la direction de l'Ouest, Noblemaire, directeur de la Compagnie de Lyon, Cloquemin, vice-président de la Compagnie Transatlantique, sont venus, une dernière fois, à bord, pour nous faire leurs adieux et serrer la main à leurs délégués[1].

A onze heures et quelques minutes, nous quittons lentement le quai du bassin de l'Eure. Nous passons devant le Musée à onze heures trente-cinq. Quelques instants après, nous franchissons la passe. Voici bien des amis qui viennent nous dire l'adieu final ; mais ils sont tellement nombreux et pressés sur la jetée Ouest, qu'il nous est littéralement impossible de reconnaître aucune figure parmi eux et que nous échangeons nos

1 La Délégation des Compagnies de chemins de fer français se composait des agents suivants : Compagnie de l'Est : MM. Barabant, chef adjoint de l'Exploitation ; Siegler, ingénieur adjoint à l'ingénieur en chef de la Voie. | Compagnie du Nord : MM. de Fonbonne, ingénieur de la Traction, Sauvage, ingénieur des ateliers de Paris. | Compagnie de l'Ouest : MM. Gasc, ingénieur principal de l'Exploitation ; Tony Visinet, agent commercial en Angleterre. | Compagnie de Paris-Lyon-Méditerranée : MM. Baudry, ingénieur adjoint à l'ingénieur en chef du Matériel et de la Traction ; Rœderer, sous-chef de l'Exploitation. | A la Délégation s'étaient joints : MM. Eugène de Bocandé, sous-chef du service commercial de la Compagnie Transatlantique ; Albert Léchât, sous-directeur de la Compagnie Internationale des wagons-lits ; Clément Gondrand, agent général de la Compagnie Transatlantique en Italie.

derniers signaux avec la terre, je dois le dire, au hasard, priant nos amis de reconnaître eux-mêmes, à bord, ceux qui leur sont chers.

Nous sommes escortés, jusqu'à deux ou trois kilomètres en rade, par le steamer la *République*, à bord duquel se trouvent les autorités du département, du Havre, et le ministre des Postes, M. Granet. Un dernier hurrah, au moment où le steamer vire de bord, et c'est là le dernier cri qui aura frappé nos oreilles jusqu'à l'arrivée sur la terre américaine.

Quelques minutes après, à midi précis, nous stoppons au large du Banc de l'Éclat ; c'est pour débarquer le pilote dans une chaloupe à vapeur, venue le long du steamer.

Un premier incident de notre voyage, c'est le débarquement sur le bateau-pilote d'un passager récalcitrant, qui ne voulait absolument pas aller avec nous à New York. C'est un curieux qui s'est aventuré sur *La Champagne*, quelques instants avant l'enlèvement du pont volant, et qui ne pouvait redescendre à terre. De mauvaises langues prétendent l'avoir vu déjeuner avec nous à bord et de fort bon appétit. C'est une bouche inutile et qui exhale, cependant, sa mauvaise humeur contre tout le monde, passagers, commissaire et jusqu'au commandant Traub, lequel n'en peut mais et qui allait donner au pilote le signal de s'en aller, lorsque je lui ai crié : « Il y a un homme de trop à bord » et ai couru chercher le malheureux. Enfin, on l'a affalé dans le bateau-pilote où, comme récompense à notre hospitalité forcée, son dernier geste, à notre égard, est de nous montrer le poing, alors que nous mettons en vitesse, geste accueilli, comme on peut penser, par des éclats de rire homériques et qui rompent la monotonie du départ définitif.

Nous perdons rapidement de vue les falaises de la Hève. Il fait un temps splendide, nous avons une mer d'huile. Nous revoyons la terre du Cotentin, vers trois heures, et nous la longeons jusqu'à cinq heures, par le travers d'Aurigny ; enfin, juste comme nous descendons à table, à cinq heures, nous la perdons de vue. En voilà pour sept jours et demi, nous dit, en manière de consolation, notre excellent commissaire du bord, l'aimable M. Comettant, fils d'Oscar Comettant, le critique musical du *Siècle*[2].

---

2 Oscar Comettant (1819-1898) : pianiste, compositeur, professeur de musique et critique musical. De 1852 à 1855 il entreprit une tournée de soliste aux États-Unis et au Canada. À son retour, il publia « *Trois ans aux États-Unis. Étude des mœurs et coutumes américaines* »

Nous sommes à bord environ 40 passagers de 1re classe, autant de seconde, et nous en avons 360 de 3e classe, principalement des Suisses, des Italiens et quelques Alsaciens, amenés par le train spécial des Transatlantiques. Ajoutons à cela les 220 hommes d'équipage de *La Champagne* ; cela fait en tout 660 personnes dont le steamer va être pendant huit jours la demeure. Mais ses dimensions sont telles que l'on ne se douterait jamais qu'il y a à son bord un pareil nombre d'êtres humains à héberger et à loger.

La soirée est charmante. Nos passagers de troisième classe ont un goût prononcé pour la danse. Il y a, parmi eux, deux ou trois joueurs d'accordéon, et les valses les plus animées s'organisent couramment sur le pont, au grand plaisir des passagers de première et de deuxième classe, qui contemplent ce spectacle du haut du pont supérieur.

Dans notre salon, M. Comettant nous fait de la musique délicieuse, et est accompagné par une charmante jeune miss américaine, Mlle Doremus, qui cultive le banjo nègre d'une façon remarquable[3].

Un dernier souper, léger celui-là, et nous allons rejoindre nos cabines respectives.

Paris, Pagnerre éditeur, 1857. Son fils Lucien Comettant (1853-1925), dans un livre publié en 1921 et intitulé *Oscar Comettant raconté par son fils Lucien*, rapporte cette anecdote : « Je suis né à New York, le 18 juin 1853 dans Prince Street qui était alors dans le haut de la ville. L'emplacement qui constitue aujourd'hui l'Union Square était occupé par des maraîchers qui y récoltaient pommes de terre, choux, navets et carottes destinés à l'approvisionnement de la ville. Le propriétaire de ce terrain, l'actuel Union Square, voulut le vendre à mon père pour la somme de dix mille dollars. Supposez que mon père l'eût acheté et se fût entêté à le garder jusqu'à ma majorité. À combien de millions de dollars s'élèverait notre fortune ! »

3 Estelle Emma Doremus (1861-1937), musicienne accomplie, est la fille d'Estelle Emma Skidmore Doremus (1830-1905), connue comme tête de file de la colonie américaine de Paris sous le Second Empire.

Ill. 2 – Le paquebot *La Champagne*[4].

23 mai.

Temps splendide comme la veille. La monotonie du *paysage* est rompue, vers dix heures du matin, par la rencontre, à l'ouest des Sorlingues[5], du paquebot brêmois l'*Elbe*, parti de New York le 15 mai. Il va toucher à Cherbourg, cette après-midi, pour y déposer ses passagers de France. Nous lui avons signalé notre rencontre, et il donnera de nos nouvelles à nos amis ainsi qu'à la Compagnie Transatlantique.

A midi, grand branle-bas à bord. Il s'agit de faire le *point*, c'est-à-dire de savoir où nous sommes et quelle a été la route parcourue depuis

4 *La Champagne* fut le premier des quatre paquebots rapides que la *Compagnie Générale Transatlantique* mit en service, suivie par ses sisterships *La Bretagne, La Bourgogne* et *La Gascogne.* Construite sur les chantiers de Penhoet, près de St-Nazaire, elle a été le premier bateau de toutes les lignes allant d'Europe aux États-Unis, qui ait effectué la traversée de l'Atlantique avec une machine à triple expansion. *La Champagne* connut une carrière mouvementée. Elle a commencé par manquer son lancement, restant en porte-à-faux pendant près d'un mois risquant ainsi de se casser en deux. Lors de ses essais officiels, un plateau de cylindres a sauté, tuant plusieurs hommes. Enfin, en mai 1887, elle manqua de peu d'être perdue corps et biens à la suite d'une collision avec la ville de *Rio de Janeiro*, des *Chargeurs Réunis.*

5 Les Sorlingues, nommées également îles Scilly, archipel situé en mer Celtique 45 km à l'ouest-sud-ouest de Cornouailles.

vingt-quatre heures. Nous sommes par 12°10' de longitude et 49° 21' de latitude, c'est-à-dire juste au sud de la pointe ouest de l'Irlande ; nous avons parcouru, depuis notre départ, 387 milles marins, soit 717 kilomètres, ou bien près de 30 kilomètres à l'heure. C'est là, certes, une jolie vitesse, mais ce n'est pas tout ce que *La Champagne* est capable de fournir. Seulement, comme la machine est entièrement neuve et que ses organes sont à roder, pour employer le terme technique, on la ménage et nous ne faisons, à la minute, que 52 révolutions de ses immenses machines de 8.000 chevaux.

Bref, notre vitesse, toute réduite qu'elle soit relativement, est encore de 16 nœuds 1 à l'heure.

Nous voici de nouveau à table à cinq heures et demie, à peu près au complet, bien qu'un très léger tangage ait provoqué deux ou trois désertions. Mais ce que l'on est capable d'absorber sur un paquebot, par beau temps, est quelque chose qui me dépasse, moi qui fais pour la première fois une longue traversée et qui n'ai pas la moindre prétention aux qualités nautiques.

Soirée charmante à bord, mais absence forcée de notre aimable joueuse de banjo ; absence constatée et regrettée par toute la galerie.

24 mai.

Continuation du temps splendide des deux jours précédents. Pas la moindre lame digne de ce nom, ni à l'horizon, ni le long des flancs de *La Champagne*. On dirait, jusqu'à présent du moins, que nous allons à Saint-Cloud par un bateau-mouche et pourtant nous sommes à midi, à 1.400 kilomètres du Havre, après nos quarante-huit heures de trajet. Le point nous donne à ce moment : longitude 21° 32', latitude 48° 40'. Distance parcourue en vingt-quatre heures : 371 milles marins, soit 687 kilomètres. La prudence a fait un peu ralentir, dans la nuit, la marche des machines.

Dépassé, vers dix heures du matin, un grand vapeur anglais dont nous n'avons pu lire le nom, mais qui ne nous a pas salués, en réponse à la levée de notre pavillon. Bon voyage et bon vent nous souhaitons à ce gentleman.

Nos émigrants continuent à organiser leurs sauteries sur le pont inférieur, grâce à la continuation du beau temps. Profitons-en, car on ne sait ce qui peut arriver demain à cet égard.

Je suis tout surpris de voir la rapidité avec laquelle le temps passe à bord. J'appréhendais, je dois le dire, la monotonie. Eh bien ! rien de cela ne m'apparaît encore, grâce aux cinq repas servis, avec une profusion et un luxe de service inconnus sur les paquebots anglais, et que l'on trouve moyen d'absorber couramment, sans se faire prier le moins du monde. Je ne me serais jamais, en ce qui me concerne personnellement, supposé capable de pareilles facultés d'absorption.

Nous avons à notre bord le ministre des États-Unis à Paris, M. Mac-Lane[6], dont le toast, tout humoristique et de bon sens pratique, a été si remarqué au banquet du Havre de vendredi.

J'ai le plaisir d'être présenté par notre aimable compagnon de route, M. de Bocandé fils, sous-chef du service commercial de la Transatlantique, à M. Mac-Lane, et d'avoir avec lui et mes collègues des compagnies de chemins de fer français le plus agréable entretien qu'il soit possible. C'est un véritable plaisir pour nous tous d'écouter avec respect ce que nous dit cet aimable gentleman vieilli dans le service étranger de son pays, depuis plus de trente ans.

Vers les six heures du soir, juste comme nous allons nous mettre à table, nous apprenons qu'il va falloir stopper la machine pendant quelques heures. C'est un petit contretemps de notre voyage, et dû

---

6 Robert Milligan McLane (1815-1898), député du Maryland. Né à Wilmington, Delaware, le 23 juin 1815, il fréquenta des écoles privées à Wilmington, le St. Mary's College de Baltimore et le College Bourbon de Paris. Nommé cadet à l'Académie militaire des États-Unis à West Point par le président Jackson en 1833, il obtint son diplôme en juillet 1837 et fut nommé sous-lieutenant d'artillerie, servant avec son régiment pendant la guerre séminole (1837-1838). Transféré au Corps of Topographical Engineers en 1838, il y siégea jusqu'à sa démission en 1843. Il étudia le droit et fut admis au barreau en 1843. Membre de la Chambre des délégués de l'État en 1845, il fut élu en tant que démocrate aux trentième et trente et unième Congrès (4 mars 1847-3 mars 1851) ; président de la Commission du commerce (trente et unième Congrès). Nommé commissaire en Chine en 1853, avec les pouvoirs d'un ministre plénipotentiaire, et en même temps accrédité au Japon, au Siam, en Corée et en Cochinchine. Délégué à la Convention nationale démocrate en 1856 et 1876 ; nommé envoyé extraordinaire et ministre plénipotentiaire auprès de la République du Mexique le 7 mars 1859 et servit jusqu'au 22 décembre 1860. Délégué à la Convention nationale démocrate en 1876 ; membre du Sénat de l'État du Maryland en 1877 ; élu en tant que démocrate aux quarante-sixième et quarante-septième congrès (4 mars 1879-3 mars 1883). Président de la Commission des chemins de fer du Pacifique (quarante-sixième Congrès) ; gouverneur du Maryland de 1883 à 1885. Nommé par le président Cleveland ministre plénipotentiaire des États-Unis en France le 23 mars 1885 et servit quatre ans ; décédé à Paris le 16 avril 1898.

précisément au fait que nous avons un bateau et une machine entièrement neufs. Il faut remplacer les coussinets en bronze du cylindre milieu actionnant l'arbre de couche. Ceux-ci donnent des secousses à l'arbre, et il est urgent de mettre les pièces de rechange plutôt que de vouloir persister à marcher quand même. A sept heures, nous stoppons, et l'on fait le démontage des bielles. Ce n'est pas peu de chose, certes ; mais tout le monde s'y met, dans la machine, depuis le chef mécanicien ; le commandant Traub vient réconforter son personnel par sa présence et quelques bonnes paroles d'encouragement. Par l'effet d'une vieille habitude, je vais passer tranquillement trois heures dans la chambre des machines pour assister à la réparation. Enfin, vers minuit et demi, nous mettons à nouveau en route et espérons bien n'avoir pas d'autre accroc avant notre arrivée à New York.

25 mai.

Continuation du beau temps à la mer. Bonne brise du nord, cependant, qui nous fait tanguer et rouler légèrement : mais *La Champagne* a vraiment des qualités nautiques supérieures. Malgré les 16 nœuds à l'heure, qui sont notre vitesse normale aujourd'hui, l'amplitude des mouvements est des plus douces. Je n'aurais jamais supposé pouvoir supporter impunément les effets de la houle comme moi et mes compagnons de route le faisons aujourd'hui.

À déjeuner, la table est complète ou presque complète, pour parler le langage de la pure vérité.

Nos émigrants n'ont pas dansé ce matin sur le pont : cela nous manque. D'après les on-dit, il paraît que parmi eux Neptune a déjà fait de nombreuses victimes. En revanche, voici les parties de jeu de tonneau qui s'organisent, toujours sur le pont, et nous faisons danser à la corde les jeunes filles passagères à bord, au grand plaisir des parents formant galerie, et avec lesquels nous sommes les meilleurs amis du monde. A un moment donné même, on me force à danser à la corde. Hélas ! cela ne dure pas, et j'ai seulement réussi, et pour cause, à égayer mes compagnons de route.

Quelques voiles seulement en vue aujourd'hui, mais à trop grande distance pour les reconnaître. Nous pouvons, toutefois, admirer ces beaux navires avec la belle brise qui prend en poupe leur voilure complètement déployée.

Celle de *La Champagne* est essayée sur le mât de misaine ; elle nous aide, dit le commandant, à appuyer le navire, c'est-à-dire à l'empêcher de rouler plus que de raison. C'est à peine, cependant, si nous voyons quelques moutons sur la crête des lames, et l'eau est devenue d'un beau bleu foncé indigo. Cela se conçoit, car en faisant le point, à midi, on nous dit être sur un fond de 3.980 mètres. Pourquoi pas 4.000 ! Je me le demande.

Comme on devait bien s'y attendre, la route parcourue, seulement en nos dix-huit heures effectives, est bien moindre que pendant les deux autres jours. A midi, aujourd'hui, nous avons fait 295 milles depuis l'observation précédente, soit 546 kilomètres. Nous voilà déjà, en trois jours, à 2.000 kilomètres du Havre.

26 mai.

Le beau temps le plus absolu règne aujourd'hui sur l'Atlantique, en ce sens que le roulis et le tangage d'hier soir ont complètement disparu. Le baromètre remonte à 77,5 et tous nos passagers viennent, au grand complet, faire honneur aux déjeuner, lunch et dîner, si copieux, de *La Champagne.*

Les émigrants ont repris leurs danses sur le pont et sont les gens les plus paisibles du monde. Nous avons une centaine d'Italiens, et parmi ceux-ci il y en a un grand nombre pour lesquels le voyage d'Amérique n'est plus une nouveauté. Depuis plusieurs années, ils quittent l'Italie, vers cette époque de l'année, et vont s'engager dans le Far West des États-Unis, en Californie ou dans le Canada, pour faire la moisson. Bien que payés moins cher que leurs confrères américains, ils réussissent, néanmoins, à économiser, dollar par dollar, une somme variant de 7 à 800 Fr. Ils rentrent en Europe vers le mois d'octobre ou de novembre pour aller passer l'hiver chez eux à cultiver les lopins de terres dont ils sont possesseurs. Ils continuent ainsi ce manège pendant des années, jusqu'à ce qu'ils aient arrondi leur petit magot. Il paraît que les Italiens sont fort mal vus aux Etats-Unis par les ouvriers agricoles américains, et cela se comprend assez aisément puisqu'ils se contentent de salaires moins élevés qu'eux. Aussi le gouvernement voudrait-il bien restreindre, s'il le pouvait, cette singulière immigration, qui se traduit quatre ou cinq mois après par une émigration et ne laisse absolument aucun profit au pays lui-même, l'Italien étant excessivement sobre, ne faisant aucune dépense inutile, et remportant religieusement son magot au pays.

Le commissaire du bord me cite, à l'égard de ces voyageurs-là, un fait typique.

Sur les bateaux de la Compagnie Transatlantique, les passagers de toutes classes ont du pain frais à discrétion. Les Italiens, gens roublards s'il en fut, font des provisions de pain avant le débarquement à New York, pour n'avoir pas à en acheter pendant le parcours en chemin de fer, de New York à Chicago ou autre destination. Ils enfouissent les pains dans de grands sacs vides, et l'on est obligé d'exercer une grande surveillance contre cet abus de la discrétion du régime du bord.

Nous n'avons rencontré aujourd'hui que deux navires, un vapeur et un voilier, et ce matin, à quatre heures, paraît-il, un paquebot de la ligne de New York à Hambourg, avec lequel on a échangé des signaux et qui va porter de nos nouvelles en Europe.

Grand émoi, à midi, à l'heure des observations astronomiques. La machine a fonctionné admirablement depuis la réparation pratiquée avant-hier. Pendant nos vingt-quatre heures, nous avons parcouru 418 milles marins, soit 774 kilomètres. C'est une belle vitesse, la plus belle réalisée depuis notre départ du Havre ; elle représente 32 kilomètres 2, à l'heure.

Le commandant Traub nous fait espérer que nous arriverons à New York dimanche dans la matinée, malgré notre stoppage forcé d'avant-hier, à cause duquel nous ne pourrons atterrir dans la nuit de samedi sur la côte américaine, comme on l'espérait.

Ce soir, grâce à la douceur exceptionnelle de température et à l'absence absolue de roulis et de tangage, on a organisé sur le pont un concert où le banjo et la guitare jouent le rôle d'accompagnement, auprès des choristes improvisés, pour des airs d'opéras et d'opérettes. On n'est, heureusement, pas à cheval sur les questions de fausses notes et de manque de mesure ; les applaudissements des émigrants au-dessous de nous encouragent les petits talents des artistes. Nos passagers s'en donnent à cœur joie ; les Suisses d'un côté, les Italiens de l'autre, et les quelques Français des troisièmes classes chantent jusqu'au couvre-feu de onze heures du soir.

J'oubliais de mentionner qu'à la fin du dîner on a fait circuler une liste de souscription pour l'institut Pasteur, dans le salon des premières. Nous avons récolté près de 500 francs, ce qui est un beau denier. L'œuvre nationale scientifique n'a donc pas été oubliée au milieu de l'Atlantique.

27 mai.

Toujours beau temps, de plus en plus clair. Le regard s'étend sur l'horizon à des distances infinies.

Nous voici en plein dans le courant du Gulf Stream, et la température s'élève sensiblement. Celle de l'eau, notamment, passe de 17° à 22°, et cela influe sur la marche de la machine, dont la condensation devient plus difficile à effectuer.

Le point nous donne, cependant, encore une belle distance franchie dans nos vingt-quatre heures, 406 milles marins, soit 762 kilomètres, 16 nœuds 9 dixièmes ou 31 kilomètres 3 dixièmes à l'heure.

La journée se passe fort tranquillement ; n'oublions pas l'annonce faite par la vigie de deux petites baleines à tribord, à distance tellement grande que, pour mes yeux non exercés, je les contemple avec les yeux de la foi.

Nous allons passer ce soir sur la limite sud du banc de Terre-Neuve où, probablement, nous verrons des icebergs et des banquises dérivant vers le sud.

7h. du soir.

Nous sortons de table, mais voici un véritable changement à vue. Nous venons de causer pendant une demi-heure sur des sujets fort intéressants, avec un homme aussi distingué et aimable que notre commandant. En montant sur le pont, nous voyons que nous allons entrer en plein dans un banc de ces brumes épaisses, si fréquentes dans les parages de Terre-Neuve. Nous venons d'échanger des signaux avec un grand trois-mâts allemand qui nous a donné son numéro.

Devant nous, se dresse le banc de brume. Celle-ci n'est pas haute au-dessus de la mer, car à 300 mètres de nous à tribord, nous voyons émerger les hautes voiles de cacatois et de perroquet d'un trois-mâts. La houle de l'Atlantique se fait sentir, et nous passons dans des vallées profondes que rien ne nous faisait présager quelques minutes auparavant.

Nous voici en plein dans la brume, et nous ne voyons pas à 100 mètres devant nous. La sirène à vapeur, installée sur le mât de misaine, fait entendre ses beuglements sinistres qui résonnent, paraît-il, à dix kilomètres de distance. Je veux bien le croire ; mais, à bord, nous sommes littéralement assourdis par les vibrations. Si la sirène des temps antiques attirait les navigateurs, la nôtre doit les faire fuir, et c'est bien là son rôle. On rit moins tout d'abord, vu que l'on comprend tout le sérieux de la situation, avec un bateau comme le nôtre qui ne peut ralentir sa vitesse de 17 nœuds à l'heure ; de plus, le souvenir des sept heures perdues, il y a trois jours, est là qui aiguillonne tout le monde à bord.

Nous passons au salon, où mon collègue de l'Ouest, l'aimable Gasc, prend place au piano. Ses accords harmonieux sont interrompus par l'affreuse sirène qui détruit ses plus beaux effets. Malgré tout, le répertoire y passe en entier, et, vers les dix heures, le brouillard ayant un peu diminué, nos passagères américaines improvisent des valses animées. Celles-ci sont parfois, cependant, je dois le dire, interrompues, dans leur mesure, par les coups de roulis, qui font tomber danseurs et danseuses sur les sofas du salon. Néanmoins, tout le monde est content et rit de ces petites mésaventures, pendant que le personnel du bord veille aux bossoirs à notre sécurité.

Une dernière visite au fumoir, et nous regagnons nos gîtes respectifs.

28 mai.

La brume a cessé vers quatre heures du matin. Il paraît que, vers trois heures, nous avons été bien près d'un grand vapeur, dont nous avons entendu la sirène à tribord, à distance heureusement.

Le temps est redevenu splendide, et nous filons plus vite que jamais, malgré le Gulf Stream, dont nous sentons les effluves à bord. L'eau de mer est à 20 degrés et la température, à l'ombre, est de 19 degrés.

Le point de midi nous donne 395 milles parcourus dans nos vingt-quatre heures, soit 721 kilomètres, ou 30 kilomètres à l'heure.

Nous ne sommes plus, d'après l'estime, qu'à 924 milles de New York, et il va s'agir maintenant d'une des grandes distractions de la traversée de l'Atlantique, c'est ce que l'on nomme la Poule du Pilote de New York.

Cela demande une explication pour des terriens, puisque nous voilà passés marins, et marins heureux, depuis six jours de cette vie de cocagne sur *La Champagne* :

Il y a 24 bateaux-pilotes appartenant au port de New York. L'un d'eux, on ne sait lequel bien entendu, doit se trouver au large, vers demain soir, pour jeter son pilote à notre bord. On met donc dans un chapeau les vingt-quatre numéros plus un zéro, et on les vend aux enchères ; celles-ci sont poussées activement au milieu des exclamations des passagers, et nous réalisons une somme de 906 Fr., qui sera remise au porteur du numéro du bateau-pilote nous accostant. Il paraît que cette cérémonie est de tradition sur tout bateau qui se respecte. Je n'ose dire à quel prix le sort m'a rendu possesseur du n° 20.

Immédiatement après le dîner, nous croisons, à le ranger, le grand paquebot brémois l'*Eider*, parti de New York, avant-hier 26 mai, à onze heures du matin. Son pont est couvert de passagers. Nous nous saluons cordialement. Les vitesses des deux bateaux s'ajoutant, nous perdons de vue l'*Eider*, un quart d'heure après l'avoir croisé.

Ce soir, splendide coucher de soleil qui fait l'admiration de tous les passagers réunis sur le gaillard d'avant.

A la nuit tombée, nous allons contempler la phosphorescence de la mer au-dessus de l'hélice. Les remous font paraître à chaque instant comme de gigantesques émeraudes dans l'écume du sillage.

29 mai.

Cette nuit, vers minuit et demi, un bruit insolite s'est fait entendre dans la machine. On a stoppé et reconnu une avarie à l'un des tiroirs de distribution ; rien de grave d'ailleurs, mais il faut démonter la pièce et la nettoyer à fond. Bref, c'est un nouveau retard de six heures, et nous ne pourrons plus arriver à New York que lundi matin.

Par suite de cet accident, le point ne nous donne plus aujourd'hui que 305 milles ou 564 kilomètres pour nos vingt-quatre heures.

Dans l'après-midi, la chaleur est devenue étouffante à bord. L'eau du Gulf Stream est à 24 degrés et échauffe la coque du navire. La brise s'est élevée, et malgré cela nous avons 28 degrés sur le pont. Le baromètre baisse subitement, la mer grossit énormément, et nous attrapons, vers les trois heures après-midi, un coup de vent assez réussi. Les lames se succèdent rapidement et atteignent un creux de 8 à 10 mètres.

Le tangage de *La Champagne* devient énorme par son amplitude ; mais les mouvements ne sont point saccadés, et le roulis est presque nul. Je fais la comparaison avec mes traversées de la Manche par gros temps, mais sur nos petits bateaux du Détroit[7]. Quelle tempête ce

7 *Détroit*, tel est le sens du mot Channel, qui désigne la Manche en anglais. La ville de Detroit, où Visinet se rendra, et qu'il orthographie avec un é, marque le passage entre les lacs Érié et Huron.

serait entre Dieppe et Newhaven par exemple ! Et ici, à trente-six heures de New York, on appelle cela un fort grain ! Nous recevons, vers quatre heures, un torrent de pluie chaude et de gouttes énormes. Cela, combiné avec le vent violent que nous avons, produit sur la mer un effet singulier. Elle est devenue de couleur ardoise, et la pluie chassée à la surface lui donne comme une teinte veloutée très difficile à décrire.

Au dîner de ce soir, il y a eu bien des défections, et l'on a mis les cordes à violon, c'est-à-dire des lattes en acajou sur les tables pour éviter le glissement des assiettes, verres et bouteilles. Je fais, néanmoins, bonne figure au dîner de *La Champagne*, et j'attribue ce résultat inespéré aux qualités nautiques de notre excellent navire.

Vers huit heures et demie, voici au large un grand steamer avec lequel nous échangeons des signaux par feux de Bengale, sans reconnaître sa nationalité.

La bourrasque s'est apaisée, mais la température est toujours bien élevée à bord.

30 mai.

La mer est revenue au véritable calme plat, avec un soleil radieux. Jamais on ne pourrait se douter qu'il y a quinze heures nous dansions une sarabande sur les flots de l'Atlantique.

Nous voilà à quelque chose comme cent cinquante lieues de New York.

Le samedi est le grand jour des départs de New York pour l'Europe ; aussi, vers onze heures du matin, à la sortie du déjeuner, commençons-nous à voir au large apparaître les steamers partis hier. En moins d'une heure, nous n'en comptons pas moins de sept qui se suivent à de bien faibles intervalles, d'après leur marche respective et leur heure de départ des wharves[8] de la Cité Impériale, comme l'appellent les Yankees. Nous saluons successivement le *Furnessia*, qui va à Glasgow, le *Rugia* à Hambourg, le *Rhynland* qui se rend à Anvers. Plus loin, nous reconnaissons le *City of Berlin* et le *Servia* allant à Liverpool, et enfin le *Lydian Monarch*, destiné à Londres.

Puis, plus rien à l'horizon pendant quelques heures, jusqu'à ce que nous voyions à distance le premier bateau-pilote de New York.

---

8 Pluriel de wharf, appontement perpendiculaire à la rive, auquel les navires peuvent accoster des deux côtés.

Il porte le n° 11 ; ce n'est pas le mien. Comme il ne se trouve pas dans la ligne de marche de *La Champagne*, nous l'abandonnons à son malheureux sort.

Enfin, vers trois heures et demie, apparaît à l'horizon, droit devant nous, une goélette que nos vigies désignent de suite comme un bateau-pilote. C'est un magnifique schooner avec grande voilure blanche. Il y a, comme bien l'on peut penser, grand émoi à bord à cause de la poule d'hier, pour reconnaître à distance le numéro. Enfin, on le distingue, c'est le n° 22. J'ai le n° 20, donc j'ai perdu.

La Champagne stoppe, et aussitôt se détache du schooner un canot qui nous amène le pilote. Il pénètre à bord par une échelle de corde lancée le long du flanc du steamer. C'est un grand gaillard, au teint halé, vrai type d'Américain. Le canot retourne à bord, et la goélette nous salue d'un coup de canon ; puis elle disparaît à l'horizon pour aller chercher d'autres navires destinés à New York.

Nous faisons notre dernier dîner à bord de *La Champagne*, car il paraît que nous devons atterrir sur la côte américaine demain matin, à la première heure.

La Compagnie Transatlantique a fait les choses royalement et nous donne un véritable dîner de gala, pour lequel le chef du bord s'est surpassé. Jamais on ne pourrait supposer qu'à huit jours du Havre on peut produire de pareilles merveilles culinaires.

Le champagne et les vins fins ne manquent pas, non plus que les toasts d'adieu.

M. Mac-Lane, le sympathique ministre des États-Unis, nous fait ses adieux en termes excellents, auxquels répond M. Barabant, chef d'exploitation adjoint de la Compagnie de l'Est.

Puis, on fait la distribution de costumes en papier, roulés dans des cornets, et chacun de nous endosse son habit de circonstance. Quels regrets qu'un photographe ne soit pas là pour reproduire l'aspect du salon de *La Champagne* en ce moment !

Il se produit alors un épisode touchant ; nous avons à bord un malheureux passager de seconde classe, allant au Mexique avec sa femme, et qui a été frappé d'aliénation mentale. Depuis le second jour de notre départ, on a dû l'enfermer et le lier dans l'hôpital du bord, et il va être réexpédié de New York, mercredi, par le Canada, à destination du Havre. Deux petites filles de nos charmantes passagères font la quête pour sa malheureuse femme ; elle rapporte 406 francs, dont 200 donnés par l'heureux vainqueur de la poule des pilotes.

La Société de Secours aux Naufragés reçoit aussi son écot, il atteint 156 francs.

Puis, nous allons sur le pont distribuer aux enfants des passagers de troisième classe nos costumes en papier. Décrire le bonheur de ces bambins et de leurs parents serait chose difficile ; nous nous amusons énormément en voyant cette scène et les jeux de main-chaude, auquel prennent part tous nos passagers de troisième classe. Le pont ressemble à une véritable foire, sans les baraques bien entendu, grâce au temps splendide qu'il fait, favorisé par un magnifique coucher de soleil.

31 mai.

A cinq heures cinquante minutes je suis réveillé, ce matin, par l'arrêt de la machine ; c'est la fin du voyage. Nous sommes en vue de la côte américaine, devant Sandy-Hook, le phare où viennent atterrir tous les navires venant du large, au sud de Long-Island, dont nous voyons le rivage à tribord. La première impression est assez triste. La côte est basse, sablonneuse et sans aucun point intéressant ; c'est à peu près comme paysage la côte de Hollande.

Nous nous remettons en marche lentement pour remonter la baie de New York et arrivons dans les passes des Narrows. Le paysage devient plus gai, et nous trouvons des coteaux boisés, garnis de villas et de coquets villages.

À sept heures, nous sommes accostés par le service de santé.

Le docteur nous donne promptement la libre pratique, et nous faisons une première connaissance avec la douane américaine. Un canot à vapeur nous amène à bord cinq gentlemen à chapeau haute-forme, correctement vêtus de noir et ayant la boutonnière ornée d'une sorte de médaille aux armes de l'Union. Il paraît que les douaniers n'ont absolument pas d'uniforme en Amérique. Après que ces messieurs sont passés au bar où ils se sont lestés, tout d'abord, avec quelques verres de liqueurs aux frais du bord, bien entendu, on nous fait passer dans le fumoir devant leur aréopage, pour faire signer les déclarations concernant nos bagages et ce que nous aurions à déclarer.

Enfin, nous arrivons dans la baie intérieure de New York, et le spectacle devient véritablement grandiose. Il fait un temps superbe, la brume s'est levée. A notre gauche le majestueux Hudson, l'île de Bedloe, sur laquelle est élevé le piédestal de la statue de la Liberté de Bartholdi[9]. Devant nous l'île du Gouverneur, toute verdoyante et couverte de fortifications, puis la pointe Sud de l'île de Manhattan, sur laquelle est construit New York proprement dit. A droite ce que l'on nomme la rivière de l'Est[10] et qui, en réalité, est une branche de l'Hudson, la pointe Nord du triangle de l'île de Manhattan formant la bifurcation, et enfin, en arrière-plan, le grand pont suspendu de Brooklyn.

Quel spectacle grandiose que cette arrivée à New York même pour accoster au wharf de la Transatlantique. Le rivage est couvert de quais installés verticalement par rapport à la terre[11]. L'Hudson, que nous remontons, a tous les wharves des compagnies faisant le service d'Europe, sans compter, bien entendu, les services locaux et les ferry-boats qui transportent des trains entiers de chemins de fer, des voyageurs et des camions d'une rive à l'autre, entre Jersey City et New York.

La douane, avec laquelle nous avons affaire sous la tente de la Compagnie, ne s'est vraiment pas montrée aussi féroce que nous nous l'imaginions. Sur le vu d'un numéro d'ordre remis d'avance à chaque passager, on nous confie à un agent pris dans un rang d'oignons devant le pupitre de l'inspecteur venu à bord, et l'opération a été bien vite faite. Il y a là, heureusement, un bien grand contraste avec les rigueurs, inoubliables pour moi, des douanes italienne ou espagnole.

Voici notre voyage sur la magnifique *Champagne* terminé. La Compagnie Transatlantique peut être fière de son œuvre et compter sur le succès de son nouveau service rapide. A part les deux petits accrocs arrivés, pendant la traversée, à la machine, tout a fonctionné à bord admirablement, et l'on peut même s'étonner qu'il n'y en ait pas eu plus dans une machine neuve, où tous les organes ont besoin d'être rodés, et, pour ainsi dire, de se connaître.

Je ne puis terminer ces quelques notes du voyage maritime sans donner encore un témoignage d'estime, et, je puis le dire avec mes compagnons des autres Compagnies françaises, d'affection à notre digne

9 La statue de Frédéric Auguste Bartholdi, *La Liberté éclairant le monde*, sera inaugurée à la fin de la même année 1886, en présence de Tony Visinet, de retour à New York pour la circonstance.

10 L'East River.

11 C'est-à-dire perpendiculairement par rapport au rivage, ce qui multiplie les points d'accostage.

commandant Traub. Nous l'avons toujours trouvé empressé auprès de ses passagers, et en même temps nous avons pu apprécier ses qualités de bon et excellent marin, qui, pour notre sécurité, veillait constamment au grain, comme on dit en style maritime.

Nous sommes descendus au Brunswick hôtel, dans la Cinquième avenue, où la Compagnie Transatlantique avait eu l'amabilité de nous faire retenir des appartements par son agent général à New York, l'obligeant M. de Bébian. Mais pour nos bagages, nous n'avons pas eu besoin de prendre le moindre souci, et nous faisons, dès notre arrivée à New York, connaissance avec une institution, générale aux États-Unis. Lorsque la visite de douane est faite, vous trouvez sous la tente même un agent d'une des Compagnies de transport, dites Express, qui vous demande à quel hôtel ou adresse vous allez dans la ville et qui prend votre bagage contre reçu. Moyennant environ un franc par colis, tout est pris en charge par lui et vous trouvez votre bagage à votre hôtel ou chez vous, arrivé bien avant vous-même. C'est une institution fort commode, surtout quand on connaît, par la suite, les inconvénients et les tarifs des voitures de place, comparés avec ce que nous savons par nos idées européennes.

New York, 4 juin.

Voici maintenant quelles sont les impressions que j'ai conservées de nos premiers jours de séjour à New York.

Tout d'abord on est frappé, en quittant le Wharf de la Compagnie, par l'aspect misérable des constructions en bordure sur le quai ; puis, en entrant en ville, par la monotonie des types de maisons. Celles-ci sont uniformément en briques, la plupart du temps peintes en rose ou en ton criard avec volets verts. Puis, nous autres Européens qui ne sommes jamais venus ici auparavant, nous sommes frappés de l'uniformité de la division des rues toutes taillées à angles droits *par blocks*, comme disent les Américains, ce que nous appellerions, en France, des îlots de maisons, ayant tous la même dimension rigoureusement, en façade sur les avenues. On peut donc, pour peu que l'on soit au courant du plan de New York, et ce n'est pas difficile, se rendre très rapidement compte de la distance à parcourir, lorsque l'on connaît le numéro de la rue où l'on a affaire. Il paraît que nous trouverons cette disposition adoptée dans toutes les grandes villes d'Amérique.

Le vieux New York seul a conservé des noms de rues particuliers. Avec sa construction bizarre et ses voies tortueuses, enchevêtrées, les unes dans les autres, le numérotage aurait été chose parfaitement impossible à faire. L'ancienne ville renferme les bureaux des négociants, le Post-Office, les Bourses des valeurs, du coton et des marchandises sèches (Produce-Exchange), où se traitent des milliards d'affaires sur les grains, les lards, les salaisons, etc. Ce n'est que la très petite partie, en superficie, de l'immense Cité Impériale, qui compte plus de quatorze cent mille habitants, et il n'y en a pas plus de deux cent mille dans cette partie de la ville.

Lorsque l'agrandissement s'est bien dessiné, après la grande guerre de Sécession[12], la municipalité (*Corporation*) a adopté le numérotage des rues, de préférence aux noms, parmi lesquels il aurait été impossible de se reconnaître ; de là les désignations actuelles. On part de Canal Street, qui forme la jonction des deux Rivières du Nord et de l'Est, du numéro *un* pour les rues, jusqu'à un nombre actuellement indéterminé, toute l'extension possible de New York se faisant du Sud au Nord, et il n'est pas possible qu'il en soit autrement.

Nous avons été jusqu'à la 185e rue ; mais il est vrai de dire que celle-ci, comme beaucoup d'autres, n'est absolument qu'un emplacement déterminé par la municipalité. Le sol est granitique, et la 185e rue (?) est tout simplement une tranchée taillée à coups de dynamite dans la roche vive. Le reste des *blocks*, représenté par des masses de granit, sera nivelé par les acquéreurs futurs, au moyen du même procédé.

Les avenues sont toutes parallèles aux deux rivières du Nord et de l'Est, ce sont des voies un peu plus larges que les rues ordinaires, et, comme je l'ai dit plus haut, elles ont permis l'établissement de l'*Elevated Railroad*[13]. Elles sont au nombre de onze, commençant au numéro un près la rivière de l'Est[14], jusque tout près de l'Hudson.

12 La guerre de Sécession ne s'est achevée qu'une vingtaine d'années plus tôt en 1865, lorsque Visinet débarque à New York en 1886.

13 L'Elevated Railroad, chemin de fer métropolitain aérien.

14 L'East River.

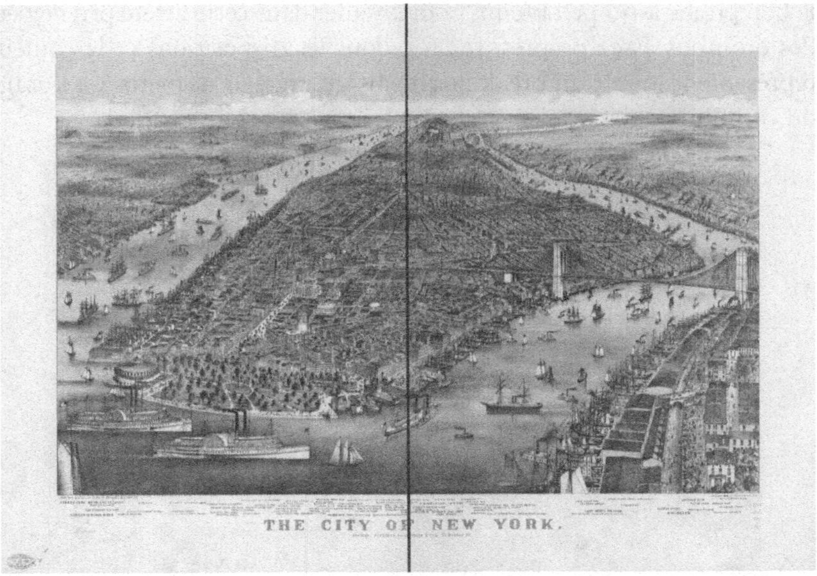

Ill. 3 – New York en 1886.

Cette double affiche éditée en 1886 et conservée à la Bibliothèque du Congrès représente New York telle que Tony Visinet la vit à son arrivée. À droite, le pont de Brooklyn dont les piles paraissent gigantesques dans cette ville encore dépourvue d'édifices de grande hauteur.

Toutes sont sillonnées par des tramways, circulant au-dessous du chemin de fer surélevé sur la chaussée et leur faisant ainsi une concurrence directe[15].

Lorsque je dis que toutes les avenues sont sillonnées de tramways, je fais cependant une légère erreur, car la Cinquième avenue n'en comporte pas. Cette voie de communication est celle où se trouvent les grands hôtels des millionnaires et des principaux habitants de New York. C'est là, par exemple, que se trouvent les résidences de MM. Vanderbilt, Stewart, Field, Depew, Jay Gould, bref, de toutes les sommités financières, commerciales et politiques de New York. Il est de bon ton de demeurer dans la Cinquième avenue. Aussi, les influences ont-elles empêché que les Compagnies de tramways s'y installent, et tout au plus

15 Tramways hippomobiles, autrement dits tirés par des chevaux.

le bon public a-t-il pu obtenir, pour circuler dans cette artère privilégiée, des omnibus assez propres, ma foi, dont les dispositions et la couleur représentent plutôt un break bourgeois qu'un char numéroté, à l'usage du commun des mortels.

ILL. 4 – Les demeures des notables sur la Cinquième Avenue en 1895.

Ces édifices emblématiques de la période du Gilded Age, sont le fruit d'une compétition entre les nouveaux riches de cette époque où ils rivalisaient à qui construirait la plus grande et la plus somptueuse demeure. Le record fut détenu par les William Vanderbilt dont la salle de bal leur permit de recevoir jusqu'à 1 200 invités.

New York est traversé du sud, c'est-à-dire de la *Battery*[16], jusqu'au Central Park, soit sur une longueur de près de dix kilomètres, par une immense artère, que l'on nomme Broadway. C'est là le point central où se trouvent, d'abord dans l'ancienne ville, les bureaux de négociants, puis ensuite les beaux et grands magasins de toute nature, dont l'aspect se rapproche beaucoup de ceux de Londres, avec cette différence, pourtant, que les maisons y sont infiniment plus hautes qu'en Angleterre. Les

16 Toponyme qui demeure dans le Battery Park, tout au sud de Manhattan.

bâtiments comportent, parfois, cinq, six étages, et même plus ; mais les ascenseurs sont usités partout[17], et il est bien rare que n'importe où, à New York, soit dans les hôtels, soit pour accéder à des bureaux, on se serve des escaliers ordinaires.

Broadway, cette immense voie de communication, forme donc l'intersection de New York et est comme la colonne vertébrale de la voirie. Aussi les rues, numérotées comme je le disais plus haut, portent-elles les désignations Ouest et Est de chaque côté de Broadway : telles rues Est ou Ouest, ayant leurs numéros de maisons, distincts pour chaque orientation.

Comme bien l'on peut penser, il règne une circulation des plus considérables dans Broadway, et les tramways sont toujours pleins. Pour desservir cette seule ligne, la Compagnie des tramways a, continuellement, en service deux cents cars, du matin au soir, et cela n'arrête pas un instant. Le tarif est uniforme, du reste, pour toute la ville ; il est de 5 cents (25 centimes de notre monnaie), quelle que soit la distance parcourue. Pas de bureaux de correspondance ni de contrôleurs. Cela n'aurait, du reste, pas sa raison d'être, puisqu'il n'y a pas de correspondances. Vous entrez dans le car et remettez vos 5 cents au conducteur qui circule dans le couloir ; aussitôt sa recette opérée, il tire un cordon agissant sur un cadran, et autant de coups, autant de 5 cents. Le contrôle est facile à faire, comme on le voit, à la fin de la course ou de la journée.

Jamais, dans aucune ville, je n'ai vu un système de tramways aussi perfectionné qu'à New York. Les rues ont presque toutes leur ligne allant dans le sens transversal à Broadway. Les départs se succèdent très fréquemment.

Pour ces dernières voies de communication, la préfecture de police de l'endroit n'intervient pas, comme en France, pour réglementer rigoureusement le nombre de voyageurs transportés par véhicule. Il m'est arrivé, plusieurs fois, de voir une surcharge de plus que le double des voyageurs réglementaires, sans que personne se plaignît ou élevât la voix. Dans les petits tramways des rues, la seule difficulté, dans ce cas, était l'accès à la boîte en verre placée près du cocher pour y déposer les 5 cents. C'est encore une simplification d'exploitation pour ces tramways

17 Ascenseurs : à cette époque, les ascenseurs sont à vapeur et surtout hydrauliques, mais pas encore électriques. Les premiers gratte-ciel n'ont pas encore surgi sur l'île de Manhattan, comme on le constate par la gravure ici reproduite.

secondaires, le cocher étant à la fois receveur et conducteur, seul maître à son bord, comme disent les New Yorkais.

Dans Broadway, vous n'êtes pas deux minutes sans voir arriver un car, et dans les rues jamais il ne s'écoule plus de cinq minutes entre les passages Le tramway et l'Elevated Railroad, voilà les deux grands moyens de locomotion de New York, et cela se comprend aisément pour les motifs suivants :

D'abord, il est fort difficile de circuler à pied dans la ville. Le pavage y est quelque chose d'inimaginablement mauvais[18]. Qui n'a pas vu le pavé de New York ne peut se faire une idée des fondrières de cette immense cité. Les trottoirs seuls sont en bon état. De plus, le balayage y est chose inconnue, la boue et la poussière y sont en permanence, et on peut prier Dieu de faire tomber des averses copieuses pour nettoyer les rues par les égouts. Les ordures ménagères, seules, sont enlevées par des boîtes déposées devant les maisons, comme à Paris.

D'un autre côté, se servir des voitures de place à New York, c'est désirer avoir les os rompus par les cahots dus à cet affreux pavage ; puis, le tarif est quelque chose de nominal, les cochers, en réalité, demandant ce qu'ils veulent, et la moindre course ne coûtant jamais moins qu'un ou deux dollars, ce qui n'est pas à la portée de toutes les bourses.

Aussi, les voitures de place sont-elles relativement très peu nombreuses dans cette grande ville et point patronnées du tout par la population. Tout le monde, riche ou pauvre, se sert du tramway ou de l'Elevated Railroad.

Pour compléter ces quelques notes relatives aux voies et moyens de communication de New York, qui en valent bien la peine, il me reste à parler d'une œuvre que je considère comme grandiose, sous tous les rapports, à la fois par la simplicité de sa construction, de son exploitation, et aussi par le revenu qu'elle donne à ses heureux propriétaires.

Je veux parler du chemin de fer métropolitain de New York, l'Elevated Manhattan Railroad.

Le terrain sur lequel est construite la Cité Impériale est généralement plat, et la disposition des *Avenues*, toutes en ligne droite, se prêtait merveilleusement à l'établissement de ce chemin de fer, qui rend maintenant à la population de tels services, que l'on en est à se demander comment, aujourd'hui, on pourrait s'en passer.

---

18 Cette mauvaise qualité du pavage revient comme un leitmotiv dans la description de la plupart des villes, de New York à Chicago.

ILL. 5 – L'Elevated Manhattan Railroad.

Ce chemin de fer métropolitain est encore en 1886 tracté par des locomotives à vapeur. Ce mode de locomotion justifie que Tony Visinet préfèrerait que Paris se dotât aussi d'un métro aérien, lui qui fréquente le métro souterrain de Londres, alors empesté par la fumée des locomotives à vapeur. Cependant, Tony Visinet assiste à la fin de son séjour à une démonstration des premiers wagons à propulsion électrique qui ne tarderont pas à s'imposer tant à New York qu'à Londres et dont le métro de Paris sera pourvu dès le début.

L'*Elevated* est construit essentiellement sur des colonnes en *fer*, non en *fonte*, assez rapprochées. Leur hauteur au-dessus du sol des rues varie de 7 à 8 mètres. La voie, de la largeur ordinaire de tous les chemins de fer, soit à 1 mètre 50 d'écartement des rails, est supportée par des poutres en fer, fort légères ; le matériel étant peu lourd par lui-même, il n'y avait pas nécessité à les renforcer outre mesure.

Les trains sont généralement composés de 4 voitures à couloir central, d'une classe uniforme, fort proprement tenues, avec sièges en jonc canné et séparés. Chaque voiture peut prendre 48 voyageurs assis.

Il ne circule absolument sur l'Elevated que des convois de voyageurs. Aucun wagon de marchandise n'y est joint, et cela se conçoit, en raison du fait que l'on n'aurait aucun endroit pour le garer et le décharger.

Le tarif aujourd'hui est uniformément de 5 cents, soit 25 centimes de notre monnaie, et comme simplicité d'exploitation l'*Elevated* est ce que j'ai jamais vu de plus réussi dans ma carrière de chemins de fer.

Les gares consistent tout simplement en un petit chalet en bois, fort léger, auquel on accède par deux escaliers placés de chaque côté de la voie. En bas, est une inscription indiquant que l'escalier sert pour les trains allant vers la Battery, le point extrême du vieux New York, où tout converge, ou pour la direction opposée. On passe devant le guichet du receveur, et celui-ci remet, pour les 5 cents, un petit ticket en papier que le voyageur jette immédiatement en accédant sur le quai, dans une boîte en verre dont les lames se contrarient et où le susdit ticket est immédiatement oblitéré par un agent qui manœuvre un cylindre dentelé et ne pourrait jamais le retirer ; même opération et même personnel du côté opposé. Pas de chefs de gare, ni de surveillants.

Les voitures du train sont parfaitement de niveau avec le quai haut de la gare, l'intervalle entre le rebord extérieur de la plate-forme et celui du quai n'est que de sept à huit centimètres. On voit donc qu'il y aurait impossibilité matérielle à ce qu'un voyageur puisse être pris entre le quai et le train.

D'un autre côté, lorsque celui-ci est arrêté, et alors seulement, les conducteurs, qui se tiennent sur la plate-forme de chaque voiture, manœuvrent avec une simple poignée une barrière en treillis de fer pour laisser sortir les voyageurs à la gare, dont ils ont préalablement appelé le nom. Puis, lorsque tout le monde est sorti, les voyageurs partants montent en voiture, la porte est refermée, et le signal est donné au mécanicien avec une corde communiquant avec un timbre. Le tout se fait sans bruit, sans coup de sifflet ni même de cloche, et l'opération complète du déchargement et du rechargement varie de 10 à 14 secondes au maximum.

Le réseau entier de l'*Elevated Railroad* comprend 32 milles (51 kilomètres 520 mètres). Les gares sont fort rapprochées les unes des autres, et néanmoins la vitesse est assez considérable.

La seule véritable difficulté d'exécution s'est présentée lorsqu'il s'est agi de pénétrer dans le dédale des rues du vieux New York. Comme la concession de la voie publique était *donnée gratuitement* (?), au moins par l'acte de concession de la Compagnie, il s'agissait, en raison du prix énorme des immeubles, de ne pas faire d'expropriations. On a donc tourné la difficulté en établissant une voie avec courbes *minimas* de 27 et de 30 mètres de rayon. Tout le matériel roulant, locomotives et voitures, étant à train articulé de *bogies*, on est arrivé à franchir ces courbes extrêmes sans danger en ralentissant seulement la marche. On passe tellement près des maisons qu'en étendant le bras par la portière, on peut toucher l'angle des bâtiments. Néanmoins, tout cela marche fort régulièrement, et le service, à la Battery, représente un mouvement dans les vingt-quatre heures s'élevant à 1.450 trains. C'est le chiffre qui nous a été montré, sur les horaires, par M. le colonel Hain, directeur général de la Compagnie, dans la visite qu'il a fait faire à la Délégation du réseau complet du Manhattan Railroad, par un train spécialement mis à notre disposition avec tout l'état-major de la Compagnie.

Il convient d'ajouter que le service fonctionne, pendant la nuit entière, sur tout le réseau, les trains étant, seulement après minuit, plus espacés que pendant la journée.

L'Elevated a coûté *nominalement* environ 300 millions de francs, et il est actuellement le résultat de la fusion de trois Compagnies qui avaient commencé l'œuvre, aujourd'hui achevée, en 1874. Le réseau actuel est en exploitation complète depuis 1878. Pendant l'exercice 1886, on aura transporté plus de 115 millions de voyageurs, et le total atteint depuis l'ouverture est de plus de 600 millions. La Compagnie peut être fière, à juste titre, de pouvoir invoquer, en présence d'un pareil chiffre, qu'elle n'a jamais causé la mort d'un voyageur par sa faute. On cite, cependant, le cas d'un électeur de New York qui a perdu la vie en voulant monter quand même dans un train en marche ; mais il paraît que le susdit était légèrement ému et qu'il est tombé du quai sur la voie à l'arrière du train.

Le capital-actions de l'Elevated Railroad de New York a été plusieurs fois dédoublé, et le dividende actuel est, cependant, encore de 6 pour cent. Mais comme je connaissais le fait des dédoublements, j'ai un peu insisté pour connaître le rendement sur le capital primitif. J'ai pu simplement obtenir de M. le colonel Hain cette réponse typique : *God knows it.* (Dieu seul le sait.)

Un fait remarquable pour le métropolitain de New York, c'est que d'abord on a eu infiniment de mal à le faire prendre par la population. On se heurtait au préjugé et aussi aux entreprises de tramways et de voitures, qui criaient à la ruine. Aujourd'hui, le dessus est pris, bien pris, et tout le monde trouve non seulement à vivre, mais encore à bien vivre avec les moyens de transport nombreux, admirablement organisés et à bon marché, indispensables à cette immense agglomération de gens toujours pressés d'arriver à destination.

Un autre incident de l'établissement de la voie ferrée intérieure, a, tout d'abord, été une dépréciation de la propriété, là surtout où la ligne couvrait entièrement les rues étroites et enlevait l'air et la lumière aux rez-de-chaussée. Eh bien ! c'est précisément le contraire qui a lieu maintenant et la valeur des immeubles, ainsi dépréciés tout d'abord, a remonté considérablement, depuis quelques années, en raison des facilités de communications.

Je doute fort, cependant, que jamais on autoriserait, à Paris, un métropolitain absolument dans les conditions où est établi celui de New York, dans des rues étroites et tortueuses. Le Conseil d'Hygiène et tous les autres conseils et commissions possibles et impossibles prouveraient par A plus B que cela ne peut avoir lieu. La même chose s'est produite à New York, quoique sur une moins grande échelle et avec des formes peut-être moins ad-mi-nis-tra-ti-ves que chez nous ; on a passé outre, tout le monde est satisfait et vit avec le nouveau mode de locomotion si commode et si bon marché, en même temps que ses hardis promoteurs ont fait une affaire superbe et ayant un avenir illimité devant eux.

L'accroissement énorme de la population et l'extension de la ville vers le Nord, dont on ne peut prévoir la limite, ne cessent, en effet, d'apporter, chaque année, un surcroît de produits à l'Elevated, et cela sans augmenter son capital d'établissement, non plus que sensiblement ses frais d'exploitation.

Je ne sais, bien entendu, à quelle solution on s'arrêtera à Paris pour le Métropolitain projeté, s'il sera surélevé ou souterrain ; mais Dieu veuille que l'on ne s'arrête pas à cette dernière solution, l'expérience de celui de Londres est là pour en montrer tous les inconvénients, au point de vue de l'exploitation, du prix de revient et aussi un peu de l'hygiène pour les malheureux voyageurs forcés d'y circuler[19].

Il me revient un dernier fait, assez typique celui-là, et qui montre encore bien la liberté de l'exploitation américaine, non réglementée comme partout en France, où la première chose qui frappe l'étranger est : *Défense de faire ceci, défense de faire cela.*

Au sujet du Métropolitain de New York, j'ai dit plus haut que dans les tramways j'avais vu des surcharges considérables de voyageurs. Il en a été de même parfois sur l'Elevated, et comme j'en faisais la remarque au directeur de la Compagnie, il m'a répondu, en souriant, que « *Jamais la Compagnie n'avait refusé un voyageur.* »

Le fait est qu'à certaines heures de la journée, après que les affaires sont terminées, dans Wall Street notamment, il y a pas mal de voyageurs en *lapins* dans les cars du chemin de fer, mais personne ne songe à s'en plaindre le moins du monde, pas plus que dans les tramways, et

---

19 Le métropolitain ou le métro, pour le dire plus brièvement, est en projet dès cette époque à Paris, mais l'on ne sait encore s'il sera aérien ou souterrain, les deux options coexistant sur la table, pendant quelques années encore. On voit par ce passage que Visinet est hostile à la bureaucratie française et plus encore aux mesures administratives qui encadrent d'autorité tout projet innovant.

les femmes, qui ne trouvent pas de sièges, sont toujours certaines de voir des gentlemen se lever pour les inviter à s'asseoir à leurs places.

Avec mes compagnons de route de la Délégation des chemins de fer français, nous avons, en passant dans une rue, été témoins de la rapidité avec laquelle les pompiers de New York sont prêts à se rendre au feu. Nous étions devant un poste de pompiers et admirions la propreté avec laquelle est tenu le matériel de service, quand le chef s'est approché de moi, et, voyant que nous étions étrangers, m'a demandé s'il nous serait agréable de voir ses hommes faire le simulacre de la mise en route. Nous avons accepté avec empressement, et, à un signal électrique donné par un bouton, nous avons vu descendre par un mât, à travers l'ouverture du plancher, sept ou huit hommes tout harnachés, avec leurs casques, leurs ceinturons et hachettes, bref, prêts à partir ; en même temps, en pressant sur un autre bouton, nous avons vu s'ouvrir les deux portes de l'écurie du fond de la salle, et deux magnifiques chevaux sont immédiatement sortis de leurs stalles pour se placer d'eux-mêmes le long du timon de la pompe, puis les harnais, suspendus en l'air, tombaient d'eux-mêmes sur leur cou. En moins de trente secondes après le premier signal, la pompe sortait dans la rue, un pompier étant monté sur le siège avec ses camarades, groupés à leur poste autour de lui. Bien entendu, la pompe a été aussitôt remisée de nouveau, puisque ce n'était qu'une fausse alerte. Nous avons voulu offrir une gratification à ces braves gens pour leur dérangement. Mais je dois dire que nous avons éprouvé un refus catégorique, et qu'il n'y a pas eu moyen de leur faire accepter quoi que ce soit.

New York manque de monuments proprement dits, si j'en excepte, cependant, quelques églises protestantes, assez belles comme dimension ; et l'on ne peut compter comme véritable monument que la cathédrale catholique, située dans le haut de la Cinquième Avenue. C'est un magnifique édifice tout en marbre blanc et dont les lignes rappellent beaucoup Sainte-Clotilde de Paris. Elle a été élevée par souscriptions, recueillies en grande partie par feu le cardinal Mac Closkey, et on y a déjà dépensé plus de dix millions de francs. Le gros œuvre est entièrement achevé, et il n'y a plus que les deux flèches de la façade à construire pour qu'elle soit terminée.

Un des plus curieux édifices de la ville, dans un autre ordre d'idées, c'est le Casino, placé dans la 34e rue. Dans ce bâtiment se trouve un théâtre à peu près à la hauteur d'un troisième étage ; on y accède par un ascenseur, comme partout à New York quand il s'agit de monter, et enfin, sur le toit de la maison, à 130 pieds au-dessus du sol, se trouve un véritable jardin, on peut dire suspendu celui-là, où l'on sert des rafraîchissements pendant les entr'actes et après que le spectacle est terminé. C'est un endroit fort curieux à visiter et où, par la chaleur qu'il a fait pendant la journée, il est fort agréable de venir prendre le frais. Mais quelle singulière idée d'avoir un jardin véritable avec kiosques, tonnelles, etc., perché à près de quarante mètres du niveau de la rue ! Quant au spectacle lui-même, je ne saurais dire au juste ce que l'on jouait ce soir-là. Seulement, ce que je sais, c'est que la musique y était exécrable.

Il nous a été donné de visiter un des points les plus intéressants de New York et d'où nous avons pu jouir, par un beau temps parfait, de la vue générale à vol d'oiseau de la Cité Impériale, de l'ensemble des environs et de sa magnifique baie. Dans le *Produce-Exchange* (Bourse des Marchandises), se trouve une énorme tour carrée en briques, qui domine les dix étages des bureaux loués aux négociants. On accède à la plate-forme de cette tour, élevée à 70 mètres au-dessus du niveau de la mer, par un ascenseur, et de là le coup d'œil est véritablement magnifique et grandiose. On domine entièrement toute la ville de New York, et l'on peut se rendre parfaitement compte du magnifique panorama que présente cette splendide baie de New York, unique au monde, et pour laquelle la nature semble avoir tout préparé.

Quel immense mouvement se déroule à vos pieds, avec ces innombrables ferry-boats chargés de voyageurs, de camions, circulant d'une rive de l'Hudson et de la rivière de l'Est, d'un côté sur Jersey City et Hoboken, et de l'autre, sur Brooklyn, l'immense faubourg de New York. Et quand on pense qu'une fois la barre franchie, cette barre terrible et ennuyeuse qui se forme et reforme continuellement malgré les dragages, on a dans la baie elle-même, l'Hudson et la rivière de l'Est, de dix-huit à vingt mètres d'eau ! Cela donne à penser pour les facilités commerciales prodiguées par la nature à cette métropole énorme, dont la prospérité n'a pas dit son dernier mot.

Si, maintenant, on porte ses regards vers le large, toujours du haut de la tour du *Produce-Exchange*, on est frappé par le grandiose du spectacle qui s'offre à vos yeux. A trois kilomètres environ à peine du quai de la Battery est Bedloe Island, ce petit îlot sur lequel s'élève la statue de la Liberté éclairant le monde, l'œuvre magnifique de notre compatriote Bartholdi et don de la France aux États-Unis, dont l'inauguration aura lieu dans quelques mois[20].

---

20 Tony Visinet sera présent à l'inauguration de la Statue de la Liberté de Bartholdi à la fin de cette même année 1886.

En se retournant vers la rivière de l'Est, on voit, en perspective, l'immense pont suspendu de Brooklyn cette autre merveille, mais celle-là de l'art de l'ingénieur. Le pont de Brooklyn est, je puis bien le dire, une des œuvres qui ont le plus frappé mon imagination. La distance entre les deux piles en granit gris est de quinze cents pieds anglais (450 mètres) ; celles des deux petites travées, vers New York et Brooklyn, atteignent 700 pieds (215 mètres) chacune. Les rampes d'accès des deux côtés sont fort douces. Les deux piles, supportant le pont, sont élevées de 102 mètres au-dessus du niveau de la rivière. Sur le pont circule un tramway à câble sans fin, à double voie. La manœuvre des cars, aux deux extrémités, est effectuée par de petites locomotives qui circulent, grâce à leurs *bogies*, sur des voies à rayons extrêmement faibles, sans bruit, ni coups de sifflet. Il existe deux voies charretières sur le pont et une pour les piétons. Sa construction a duré quatorze ans, et le prix de revient a été de 75 millions de francs, payés par les deux municipalités.

La circulation entre Brooklyn et New York est énorme ; mais elle est telle que, malgré le besoin auquel répondait la construction du pont suspendu, les services de ferry-boats n'ont pas été diminués le moins du monde. La hauteur du pont au-dessus de la rivière de l'Est est de près de trente mètres ; cela permet aux navires de passer facilement dessous pour accoster aux w*harves* qui bordent perpendiculairement les deux rives.

Un côté assez curieux, pour l'étranger, des constructions américaines, c'est de voir, à l'extérieur des maisons, en saillie sur les rues ou avenues, des sortes de balcons à jour, en fer, communiquant avec des escaliers, également en fer. Il paraît que c'est par ordonnance de police et pour faciliter le sauvetage des locataires en cas d'incendie. Dans beaucoup de maisons, ces *fire-escapes* se trouvent dans la partie arrière ; mais c'est général à New York, et, nous a-t-on dit, également dans les autres grandes villes américaines.

Un détail domestique assez curieux, ici, c'est que le blanchissage du linge est fait, en grande partie, par des Chinois. Nous les avons vus le soir, travailler, le corps nu jusqu'à la ceinture, dans les sous-sols où ils opèrent et travaillent, mieux que des nègres et avec l'ardeur au gain qui caractérise leur race. Ils sont moins persécutés dans les Etats de l'Est que dans ceux de l'Ouest où l'on tend à les chasser à cause de la baisse des salaires qu'ils produisent[21], et ils se conduisent fort paisiblement

21 Immigrés Chinois : le 6 mai 1882, le Chinese Exclusion Act interdit pour une durée de 10 ans toute nouvelle immigration de Chinois aux États-Unis.

à New York. C'est assez curieux de voir des enseignes avec un nom chinois, et au-dessous « blanchisseur ». Vous cherchez l'établissement ou la boutique ; point, il faut regarder dans le sous-sol, c'est là qu'opère *John Chinaman.* S'il vous rend, à l'hôtel, votre linge bien blanc et lustré, il y a, pourtant, un grand revers à cet aspect séduisant, c'est que votre Chinois, pour aller plus vite en besogne, a employé les grands moyens chimiques. J'ai fait par moi-même, à cet égard, une dure expérience des blanchisseurs américains, et les industriels similaires de Paris et de Londres sont de véritables perfections à côté de leurs confrères de ce côté de l'Atlantique, qui vous rendent en réalité du linge brûlé… mais parfaitement lustré et d'aspect extérieur séduisant, en matière de compensation.

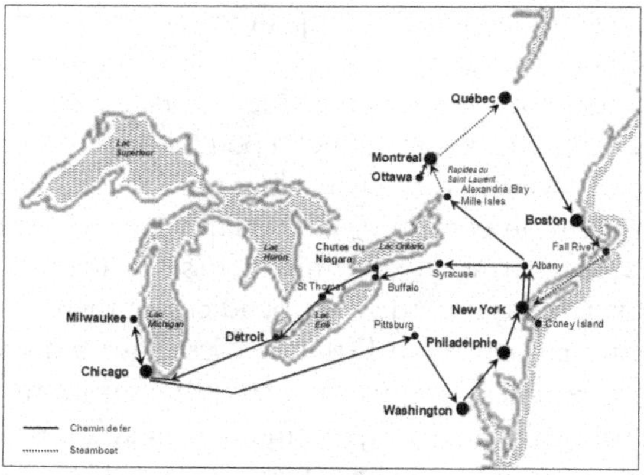

ILL. 6 – Itinéraire de Tony Visinet aux États-Unis et au Canada du 31 mai au 3 juillet 1886.

L'itinéraire du voyage de Tony Visinet aux États-Unis et au Canada comporte trois boucles au départ de New York. Du 5 juin au 16 juin, Tony Visinet va jusqu'à Milwaukee en passant par les chutes du Niagara, Detroit, Chicago et rentre par Pittsburg, Washington et Philadelphie. Le 21 juin, il part pour Québec via Montréal, Ottawa et rentre à New York le 28 juin en passant par Boston. Enfin le 1er juillet, il part pour Coney Island d'où il rentre à New York le soir même.

AU NIAGARA

Chicago, 8 juin 1886.

Nous sommes partis de New York, samedi 5 juin, à neuf heures du matin, après avoir été faire nos adieux au brave commandant Traub, de *La Champagne*, qui repartait pour le Havre. Mais en quittant l'hôtel Brunswick pour aller à bord, nous avons été frappés de l'aspect morne et monotone de New York, pas la moindre circulation dans les rues ; la cause en a bien vite été connue par nous. Les conducteurs et cochers des tramways s'étaient mis en grève générale, pour obtenir une augmentation de salaires, et le service était forcément interrompu, au grand bénéfice et à la joie de l'Elevated Railroad, resté seul et unique possesseur des voies de communication de la Cité Impériale. Cela, paraît-il, n'a duré que deux jours, d'après ce que nous avons appris par la suite. Mais nous avons pu juger par nous-mêmes de l'importance des tramways dans une ville comme New York, nos cochers nous ayant fait la loi, en voiture de place, et cette loi s'est traduite, sans qu'il fût possible de s'y soustraire, par un tarif que je n'ose pas qualifier, ni mentionner, pour nous rendre du Brunswick Hôtel à bord de *La Champagne* et de là à la gare du New York Central Railroad, par laquelle nous partons pour Chicago.

Nous avons une magnifique voiture-salon, dortoir et salle à manger, avec les accessoires et le personnel indispensables, mis à notre disposition par M. Chauncey Depew, l'aimable président du New York Central, dont nous avons pu apprécier la courtoisie vis-à-vis de la Délégation des chemins de fer français. Comme compagnons de route, nous avons MM. Kendrick, l'agent général du service des voyageurs de la Compagnie, et son adjoint, M. Théodore Voorhees, qui se mettent en quatre, on peut le dire bien haut, pour nous rendre le voyage agréable et utile tout à la fois, pour remplir le but de notre mission en Amérique.

Nous avons un train spécial de New York jusqu'à Albany (230 kilomètres) où nous rejoindrons l'express parti de New York avant nous. Notre convoi est remorqué par la locomotive réservée aux administrateurs et aux chefs de service de la Compagnie, lorsqu'ils vont en tournée d'inspection. Sur le corps cylindrique de cette machine est installé un véritable salon, avec fauteuils. Surélevée comme elle l'est, cette annexe, des plus confortables, nous permet de bien juger du paysage et d'en embrasser les moindres détails.

J'y ai pris place, avec cinq de mes collègues de la Délégation, pour mieux juger du panorama splendide des rives de l'Hudson. La ligne longe le fleuve, sur tout le parcours de New York à Albany. Le rivage est fortement encaissé par des falaises de granit, des plus abruptes et boisées ; l'Hudson a plus d'un kilomètre de largeur et une profondeur de 16 à 18 mètres. Aussi, la navigation y est-elle des plus actives, et les navires de fort tonnage remontent-ils jusqu'à Albany, capitale de l'État de New York. Tout le long de l'Hudson se trouvent d'immenses hangars dont nous avons bientôt connu la destination. Ce sont les magasins où l'on conserve la glace, extraite du fleuve pendant qu'il est congelé, c'est-à-dire pendant cinq mois de l'année. Ces blocs, que l'on voit à New York, ont environ cinquante centimètres d'épaisseur et font l'objet d'un immense commerce, la consommation de glace aux États-Unis étant quelque chose de phénoménal.

Je ne puis parler d'Albany, n'ayant fait qu'en traverser la gare, et notre voiture a été réunie au grand express de Chicago pour nous emmener au Nord.

Le paysage ne présente rien de bien saillant dans le parcours après Albany, sauf vers Syracuse, où l'on arrive en ralentissant subitement la marche de 60 kilomètres à l'heure à 8 ou 10 au plus. La raison en est que la voie ferrée emprunte tout uniment le boulevard le plus fréquenté de la ville et traverse les carrefours des rues. Pas la moindre clôture pour empêcher les piétons de s'approcher du train, ni même une inscription pour les avertir. La seule chose faite sur la locomotive est de sonner à toute volée une grosse cloche placée sur la chaudière, le sifflet ordinaire étant réservé pour les grandes occasions et dangers ; de plus, dans le cas où des citoyens, des bœufs, chevaux ou autres obstacles, – ce qui est tout un là-bas, – se présenteraient devant la machine, celle-ci étant armée à l'avant d'un soc de charrue double, les obstructionnistes auraient peu de chances de s'en tirer vivants.

Ce qui frappe dans le paysage, c'est la similitude presque absolue avec ceux de Normandie et de Bretagne. Le sol est assez peu accidenté, mais les maisons sont plus clairsemées qu'en France.

Nous sommes arrivés, à la nuit tombante, à Buffalo, et avons entrevu, au clair de lune, le lac Erié dont les phares brillaient dans le lointain.

Puis, le train longe, pendant quelques kilomètres, la rivière Niagara et arrive enfin à la gare de Niagara-Falls. Celle-ci est à près d'un kilomètre des chutes, et, néanmoins, la première chose que l'on entend en mettant pied à terre, c'est un immense mugissement dont on ne saurait définir la cause si elle n'était connue d'avance. Nos voitures, en traversant le pont suspendu de la rivière qui relie les États-Unis au Canada, sont couvertes par une poussière d'eau qui rejaillit du fond de l'abîme, situé pourtant bien loin de là.

Un effet bien curieux produit par le choc effroyable de la masse d'eau, c'est que la vibration de l'air et du sol est telle, que l'hôtel Clifton, d'où l'on a la meilleure vue des chutes, construit sur la roche, vibre malgré tout, et les fenêtres doubles, ainsi que les jalousies, font une sarabande impossible, mais peu agréable pour des gens fatigués par les douze heures de chemin de fer, nécessaires pour franchir les 725 kilomètres qui séparent New York du Niagara.

La première chose que j'ai faite, dimanche matin, a été, tout naturellement, de me précipiter sur la terrasse pour voir les chutes, auprès desquelles nous avions, cependant, été nous promener, aussitôt notre arrivée, hier soir.

L'impression est assez singulière. Le phénomène est tellement grandiose que l'on éprouve, tout d'abord, un certain sentiment de surprise. Peu à peu, l'œil s'accoutume à ce qu'il voit et réalise la vérité. La chute américaine se présente devant vous et toute en masse serrée, blanche sur toute sa longueur, en s'éclaboussant sur les rochers du bas, autour desquels elle rebondit en poussière baignée par le soleil et produisant des effets d'arc-en-ciel des plus curieux. La chute verticale est de 50 mètres à pic, soit 10 mètres de plus que la colonne Vendôme. A droite du spectateur se trouve la chute canadienne ; c'est celle-là qui est la plus considérable et de beaucoup. Elle présente la forme d'un gigantesque fer à cheval. L'eau y est ou paraît plus profonde qu'à la chute américaine. Dans tous les cas, il y a un effet de coloration vert émeraude foncé au centre de la couche intérieure, qui est tout à fait remarquable. Les volumes d'eau, immenses, en tombant au fond du gouffre, rencontrent parfois d'immenses rochers que l'on soupçonne, et qui font voler les lames en énormes gerbes de poussière d'eau. Les deux chutes sont séparées par une île assez considérable, fort boisée, nommée Goat-Island, Cette île est reliée à la terre ferme par une passerelle assez gracieuse. On accède jusqu'au promontoire extrême de l'île absolument sans danger, et l'on voit à la fois, au centre, les deux chutes américaine et canadienne. C'est un vacarme impossible à décrire et qui m'a vivement impressionné. Un autre point d'où l'on juge également bien de la grandeur du phénomène, c'est Prospect-Point, une sorte de terrasse en maçonnerie, placée à gauche de la chute américaine, et d'où l'on peut toucher avec une canne l'eau qui se précipite dans le gouffre.

Le gouvernement des États-Unis, il y a quelques années, a mis fin aux extorsions pratiquées sur les visiteurs par les industriels de l'endroit, en les expropriant, tout simplement, moyennant une somme de 7 millions et demi de francs. À la suite de cette opération, on a aménagé un fort joli parc sur le bord de la chute et dans Goat Island. Un plan incliné, mû par l'hydraulique, et à 42 degrés de pente, vous mène directement jusqu'aux rochers au bas des chutes. Il faut une grande volonté pour aller sur ces rochers, vu qu'on y est mouillé, trempé, malgré les vêtements huilés dont on vous gratifie.

Lorsque la masse d'eau est tombée, il se forme, comme je le disais, un nuage de poussière humide, puis l'eau écume, tourbillonne. A 200 mètres environ, elle redevient calme, verte, et a 20 mètres de profondeur. Le chenal est encaissé entre deux murailles de rochers schisteux, ayant 70 mètres de hauteur et, à deux kilomètres de là, la rivière se rétrécissant sensiblement, la masse des eaux bouillonne de nouveau, forme les Rapides et enfin se termine par ce que l'on nomme le Tourbillon (*whirlpool*). C'est là qu'en 1884 a péri le capitaine Webb, fameux par son exploit de la traversée à la nage du Pas-de-Calais, entre Douvres et Calais. Il est difficile de se figurer le spectacle de ces immenses lames qui se tordent les unes contre les autres en écumant, et aucun être humain, un peu raisonnable, n'oserait aller affronter, pour un pari, un tel danger. On parvient aux Rapides par un chemin de fer en plan incliné de 76 degrés, cela laisse bien loin la pente du Righi[22]. Nous nous sommes fait photographier en groupe auprès des Rapides avec les ponts en arrière-plan et les chutes sur une autre épreuve. Dans l'après-midi, nos amis américains nous ont emmenés faire une promenade à Niagara même, situé à l'embouchure de la rivière dans le lac Ontario. L'endroit est très pittoresque, et cela nous a fait une certaine impression de voir

22 Righi : montagne de Suisse, 1 798 m, située à proximité de Lucerne et accessible dès cette époque par un chemin de fer à crémaillère.

cette immense mer intérieure, où l'on n'aperçoit absolument rien à l'horizon, comme sur l'Océan. La rivière Niagara elle-même, que nous avons un peu remontée, est aussi fort jolie. Ses bords sont encaissés, verdoyants, couverts de jolies et coquettes habitations et le courant y est redevenu calme et paisible.

En revenant à Clifton-Station par un train spécial, on nous a menés à un endroit qui domine, en arrière-plan, d'une trentaine de mètres et à 200 mètres environ à vol d'oiseau, les chutes du Horse-Shoe. C'est juste à cet endroit-là que passe le chemin de fer du Michigan-Central, par lequel nous allons demain à Chicago. On fait arrêter là tous les trains de voyageurs pendant cinq à dix minutes, afin que les voyageurs puissent contempler, à leur aise, le magnifique spectacle qui s'offre à leurs yeux.

De là, on peut juger mieux qu'ailleurs de la convulsion de la nature, en ce sens que l'on domine nettement le Fer à Cheval de la chute canadienne. On peut suivre dans les Rapides du Niagara l'arrivée de chaque masse d'eau et la voir se précipiter dans l'abîme. De plus, on embrasse également l'ensemble de la chute américaine et le fond de la vallée de la rivière jusqu'à une grande distance. C'est splendide et indescriptible.

Un fait qui nous a tous frappés, c'est le retard de la végétation au Canada. Dans le jardin de l'hôtel, avant-hier matin, nous voyions les lilas et les marronniers en fleurs. La chaleur est très forte maintenant. L'été commence tard, mais il se fait sentir lourdement, sous le rapport de la température, sans la transition du printemps[23].

Puis, on nous affirmait, au Clifton-Hôtel. qu'il y a quinze jours à peine il y avait encore de la glace au-dessous des Chutes. On ne croirait guère la chose possible avec la chaleur qu'il fait, si cela ne nous était affirmé par des personnes dignes de foi.

Outre l'attrait que présentent aux touristes les chutes merveilleuses du Niagara, l'endroit lui-même est un point extrêmement important au point de vue des chemins de fer américains. Trois Compagnies, la New York Central, l'Erié et la Pensylvania s'arrachent les voyageurs au départ de New York et s'ingénient à donner de la vitesse et du confortable à leurs clients. Mais, de plus, au point de vue stratégique des chemins de

23 Ces observations climatiques sont parfaitement justifiées, les hivers étant beaucoup plus longs et plus rudes au Nouveau Monde et les étés plus chauds, voire étouffants, les demi-saisons se trouvant réduites à leur plus simple expression, quelques semaines tout au plus.

fer, Niagara est un centre très important ; c'est là que viennent se souder aux réseaux américains les lignes canadiennes du Michigan Central et du Grand Trunk Railway, et celles-ci n'ont d'autre communication possible avec les États-Unis que les deux magnifiques ponts, l'un suspendu, qui date de 1850, l'autre en fer, fort léger quoique solide, qui franchissent le Niagara, à quelques centaines de mètres en amont des Rapides.

La longueur totale du pont du Michigan Central est de 273 mètres et la portée entre les piles est de 98 mètres. Il a été construit en huit mois, ainsi qu'en témoigne une plaque commémorative scellée dans la culée de rive ; commencé le 15 avril 1883, il était livré à la circulation, le 12 décembre de la même année, par son ingénieur M. Field.

Le vieux pont suspendu de 1850 n'est pas moins remarquable par ses dimensions que son rival, et l'on reste saisi d'étonnement en voyant l'audace de son constructeur, il y a de cela 36 ans, sans qu'il ait jamais eu d'avaries, avec un service aussi chargé que le sien. Les trains passent à la partie supérieure du tablier, et le dessous sert de route charretière et de piétons. Le tarif de péage y est assez élevé et forme un beau revenu pour la Compagnie.

Le coup d'œil, lorsque l'on passe en chemin de fer sur ces ponts, est véritablement impressionnant. D'un côté, à distance, les chutes elles-mêmes, de l'autre, à vos pieds, les Rapides dont on voit le bouillonnement effroyable sur plus d'un kilomètre dans l'encaissement abrupt des falaises à pic qui réduisent le chenal à une cinquantaine de mètres de largeur, et c'est dans cet étroit espace que doivent passer les eaux des lacs Supérieur, Huron, Michigan et Erié. L'imagination reste confondue devant un pareil spectacle et à la pensée du volume d'eau effroyable qui passe là, à vos pieds, en se tordant, littéralement parlant. Les Compagnies font toujours circuler leurs trains au pas d'homme sur les ponts, pour permettre à leurs clients de jouir de cette splendide et inexplicable merveille de la Nature.

Pour la communication à pied de la rive américaine sur celle du Canada, il existe un troisième pont, encore suspendu celui-là, construit par une usine de Buffalo ; c'est le plus long des trois. Il a 410 mètres de portée et est à 60 mètres au-dessus du Niagara. Il ne peut donner passage qu'à une seule voiture à la fois.

Son énorme portée le rendrait vulnérable de la part des vents qui s'engouffrent parfois dans la vallée. Aussi y a-t-il, pour le rendre stable, toute une série de petits câbles fixés aux deux rives pour maintenir sa rigidité. C'est, en somme, une magnifique œuvre d'art. Aux deux extrémités sont les postes de douanes canadienne et américaine. Mais elles ne nous ont pas paru bien méticuleuses, ni l'une ni l'autre, dans nos allées et venues entre le village de Niagara et la rive canadienne, où est installé le Clifton Hôtel.

Nous prenons congé, au Niagara, de notre aimable compagnon de route, M. Th. Voorhees, qui rentre à New York ; mais, heureusement, nous gardons avec nous notre ami Kendrick. Puis, comme nous passons sur le réseau du Michigan Central Railroad, nous sommes *introduced* (présentés) à nos collègues de cette Compagnie, MM. J.-B. Morford, l'agent divisionnaire à St-Thomas (Ontario), W. Ruggles, agent général à Chicago, et J. Laven, de Toronto, venus exprès pour nous recevoir et nous faire les honneurs de leur réseau, et enfin nous sommes repartis à six heures, hier matin, des chutes de Niagara pour Chicago. Nous avons à franchir 513 milles (826 kilomètres) dans notre journée. La Compagnie du Michigan Central, sur le réseau de laquelle nous sommes maintenant, met à notre disposition un train spécial composé d'une voiture à couloir ordinaire, un fourgon et enfin notre car, le *Wanderer*, à bord duquel nous sommes venus de New York. Nous revoyons, une dernière fois, nos amies les chutes, puis nous filons à toute vapeur sur Saint-Thomas, près du lac Erié, et sur Detroit. Nous longeons le lac à une distance de 8 à 10 kilomètres, mais nous ne le voyons pas.

Le paysage est assez monotone dans la première partie du parcours, le terrain est plat et a été défriché, il y a déjà bien longtemps ; mais on s'est donné bien peu de peine pour enlever les troncs d'arbres. Ils sont coupés à environ un mètre du sol, forment souche, et le cultivateur laboure son champ en tournant autour de ces épaves avec sa charrue. Ce que l'on voit de ces souches est inimaginable, et dans les forêts, on voit énormément d'arbres qui dépérissent, pourrissent sur place et laissent souvent voir le jour, à travers leur carcasse dénudée et pourrie. On ne paraît pas faire grand cas du bois dans ce pays-ci. Un singulier usage des souches arrachées consiste à les placer comme clôtures des champs, la racine en l'air, pour empêcher les bestiaux de pénétrer dans les propriétés.

DETROIT ET CHICAGO

Nous arrivons à Windsor, sur la rive gauche du fleuve Detroit qui réunit les lacs Huron et Erié. Là, notre locomotive se détache de notre train, et celui-ci est poussé tout d'une pièce sur un ferry-boat qui nous transporte sur l'autre rive, à Detroit même. Le fleuve a environ 7 à 800 mètres de largeur. L'opération complète, depuis notre arrêt à Windsor jusqu'à la mise en marche, pour entrer en gare, a demandé en tout dix minutes.

À la gare de Detroit nous sommes reçus par M. Ledyard, président et directeur de la Compagnie du Michigan Central, auquel nous sommes présentés individuellement par les chefs de service, qui nous ont accompagnés depuis Niagara. Je prends la parole au nom de mes collègues de la Délégation, pour remercier M. Ledyard de l'aimable accueil qui nous a été fait ; puis, comme nous avons seulement une heure un quart à dépenser à Detroit, le président nous laisse à son chef de service commercial, M. Desrosiers (un nom français, celui-là), d'origine canadienne, et qui nous fait les honneurs de cette intéressante ville, où nous regrettons de ne pas pouvoir séjourner plus longtemps que nous le faisons.

Detroit a 175.000 habitants et est parfaitement construite, toujours par *blocks* cependant, puisque c'est l'habitude ici. Elle est le centre et l'entrepôt d'un immense commerce pour les grains et principalement les bois de construction ; son pavage en bois est moins mauvais que celui de New York, et on paraît balayer et nettoyer la ville, ce qui est un progrès sensible sur la Métropole. De plus, la ville est éclairée par la lumière électrique. Nous voyons dans les rues et avenues une série d'énormes charpentes en fer d'environ 25 mètres de hauteur, au sommet desquelles se trouvent les foyers lumineux. On nous dit qu'il y a 125 de ces colonnes, comme on les appelle, réparties dans toute la cité.

À Detroit, nous avons pu juger de la réclame américaine sur une assez grande échelle. Nous voyions s'étaler sur tous les murs d'immenses affiches multicolores représentant une jeune femme avec des pieds immenses. Nous avons demandé ce que voulait dire cette réclame, et nous avons appris, par notre aimable guide, que c'était parfaitement exact et que miss Eva Mills, âgée de dix-sept ans, vivait, et fort confortablement, de l'exhibition de ses immenses pieds, auprès des Yankees, très friands de ce spectacle. Pour le prix de 25 cents, il paraît que l'on peut s'assurer qu'ils sont véritablement à elle en les touchant. La jeune personne en question a fait, paraît-il, 60.000 francs, l'année dernière, avec l'exhibition rien que de ses pieds ; c'est un joli produit.

Nous nous sommes promenés pendant une heure et dix minutes, et revenons à la gare. Le cri « *all on board* » se fait entendre, et nous filons cette fois sur Chicago.

La vitesse atteinte est vertigineuse. Nous faisons souvent 105 et jusqu'à 110 kilomètres à l'heure. La route est vraiment jolie et pittoresque de Detroit à Chicago. Quelle richesse de végétation, quels champs de blé à perte de vue, et dont l'apparence est belle ! Quelle question ouverte pour la concurrence à la vieille Europe pour l'agriculture, quand on voit de pareils espaces cultivés et bien cultivés[24]. Encore n'entrevoyons-nous que bien peu de chose par comparaison, nous dit-on, avec ce qui est mis en œuvre dans le Far West, le Manitoba et le Nord-Ouest du Canada[25].

Nous arrivons à six heures trente-cinq à Chicago, après avoir franchi, arrêts déduits, nos 826 kilomètres en dix heures et quinze minutes ; c'est une belle vitesse moyenne. On prétend que c'est la plus grande qui ait jamais été réalisée entre les chutes de Niagara et Chicago : je le crois facilement. Aussi, les reporters des journaux de la localité sont-ils à l'œuvre dès notre arrivée en gare, et nous sommes *interviewed*[26]. Nous commençons, du reste, à nous y habituer ; en effet, depuis notre arrivée en rade de New York jusqu'au Niagara, cela a déjà eu lieu plusieurs fois, et nous nous attendons bien à avoir plusieurs de ces messieurs à nos trousses pendant notre séjour ici, lequel va durer, probablement, toute la semaine.

L'arrivée à Chicago est assez curieuse, vu que l'on longe le lac Michigan sur une vingtaine de kilomètres. Hier soir, il était assez agité, et ses lames déferlaient, comme à la mer, sur les jetées formant un port dans le lac. Vers le large, nous apercevons de grands trois-mâts, toutes voiles

24 Toujours la concurrence, en matière agricole notamment, préoccupe Visinet.

25 Cette réflexion de Tony Visinet traduit sa hantise de la supériorité américaine, en matière de production industrielle et aussi agricole.

26 Ce mot anglais, tout juste entré en français à cette époque, a le sens de demander ou d'accorder une entrevue.

dehors, et des steamers. Il se fait ici, paraît-il, un commerce immense, et Chicago est l'entrepôt forcé de tout ce qui vient du Far West vers les États de l'Est et le Canada, pour être exporté par la voie des grands lacs ou des chemins de fer jusqu'à Montréal.

La gare où nous arrivons est quelque chose d'affreux, d'horrible même, et elle fait face au lac Michigan. Elle a été brûlée, lors du grand incendie de 1871, et n'a pas encore été rebâtie. On s'occupe, paraît-il, d'un projet dans ce but.

Nous descendons à Palmer-House. C'est un des plus grands hôtels de Chicago, avec 780 chambres. Le confortable[27] y est parfait. J'ai, au premier étage, une magnifique chambre donnant sur State Street et ai passé une nuit excellente, dont j'avais grand besoin.

Pour la première fois depuis que nous sommes aux États-Unis, nous voilà descendus dans un de ces immenses hôtels américains, dont le Palmer-House est un bel échantillon. A New York, nous avions vécu à l'européenne, au Brunswick-Hôtel, qui n'offrait rien de bien particulier.

Ici, dans cet énorme caravansérail, nous voilà devenus de simples numéros, et le prix par jour est de tant par tête. Il est vrai que pour la somme agréée on peut se mettre à table dès le matin, et pour peu que l'on ait un appétit formidable, n'en sortir que pour regagner sa chambre à coucher à n'importe quelle heure. Le menu que l'on vous présente est quelque chose de vraiment phénoménal par la variété du choix des mets purement américains. Par exemple, en ce qui concerne la boisson, à part l'eau glacée de rigueur, néant sur la carte, et il faut payer des prix fantastiques pour la moindre bouteille de bière ou de vin. Le service est fait exclusivement par des nègres. C'est un spectacle assez curieux pour l'étranger, l'Européen veux-je dire, que de voir ces grands gaillards en habit noir, gilet blanc et cravate blanche, se précipiter obséquieusement pour vous servir à table et dans les chambres ; on s'y fait bien vite cependant.

Une chose assez bizarre pour le service intérieur, à Chicago, c'est qu'il est reconnu comme peu prudent de laisser à la porte, le soir, ses chaussures pour les faire nettoyer. On a souvent constaté des *méprises* de la part d'hôtes peu délicats. Aussi, vous engage-t-on à conserver les dites chaussures dans votre chambre, et le matin vous passez devant

27 Autrement dit, le confort. Comme on le voit une fois encore, Tony Visinet ne dédaigne pas les anglicismes.

l'aréopage de messieurs les décrotteurs jurés de l'hôtel. Ils sont là une dizaine, alignés devant les fauteuils où s'assoient leurs clients, après avoir attendu leur tour, et opèrent eux-mêmes sur vos pieds. Coût du cirage : dix cents, (50 centimes.)

Un autre fait assez curieux et que nous avions déjà constaté à New York, ce sont les *free lunchs* que chacun peut prendre aux bars des grands hôtels. Vous demandez un verre de bière ou un *cock-tail* quelconque, et sur la table de marbre, de l'autre côté du bar, se trouvent du jambon, du poulet, du roastbeef, du fromage et du pain taillé d'avance. Vous allez couper vous-même ce que vous désirez, autant que vous voulez ou vous sentez capable d'absorber, personne ne vous demande quoi que ce soit. Le plus curieux de la chose, c'est que si vous passez au restaurant ordinaire et que vous vous fassiez servir par un garçon exactement ce que vous pouvez prendre gratuitement au bar en vous servant vous-même, cela vous coûte généralement au moins un dollar.

On nous a présentés, aujourd'hui, au président de la Chambre de Commerce de Chicago, et il a tenu à nous faire les honneurs de la Bourse. Dans la grande salle de celle-ci se trouve le public s'occupant du cours des grains, le commerce principal de Chicago, et aussi des bestiaux, ainsi que des salaisons. C'est un vacarme assourdissant ; nous avons trouvé là une véritable répétition de la Bourse de Paris, et cela d'autant plus que nous assistions à cette Bourse du haut d'une galerie formant balcon, garnie de bancs en amphithéâtre, au premier étage.

Pour connaître les cours à chaque instant, on a recours à un procédé assez ingénieux. Dans une petite tribune surélevée se tient le secrétaire de la Bourse, et celui-ci règle les cours sur un tableau fixé au mur au moyen de transmissions électriques.

Pour les bestiaux, on a recours au même procédé, mais les quantités disponibles et visibles sur le marché sont inscrites sur un tableau au milieu du public. Aujourd'hui, on signalait le marché comme faible d'arrivages, parce qu'il n'y avait que 20.000 porcs et 6.000 bœufs ; je ne me rappelle plus le nombre de moutons.

On nous a fait visiter l'installation des électriciens de la Bourse, placés à l'étage supérieur. Pauvres gens, dans quelle étuve ils vivent !

Puis, nous sommes parvenus, par l'ascenseur, en haut de la tour, semblable à celle du Produce Exchange de New York, de la terrasse de laquelle nous avons bien embrassé la vue générale de Chicago. L'étendue de la ville est immense ; mais le sol est tellement plat, qu'il est difficile de se former une idée exacte du panorama, à cause des vapeurs qui s'élèvent continuellement du lac Michigan.

Puis, on nous a présentés, toujours en corps, au maire de la ville, M. Harrison[28]. C'est lui qui, en cette qualité, a dû réprimer, il y a moins de deux mois, l'émeute formidable des anarchistes. Il n'avait pas de troupes régulières à sa disposition, mais seulement la milice, formée de volontaires de la ville. Ceux-ci ont cogné dur, et, on peut le dire, ont tapé dans le tas de messieurs les anarchistes, à coups de fusil et sans hésitation[29].

L'opinion du maire de Chicago est qu'ils en ont assez pour le moment, avec la façon dont leurs idées ont été reçues par la population, et il espère bien qu'on en pendra quelques-uns haut et court dans quelques mois, pour que cela serve d'exemple aux autres. C'est la troisième fois que M. Harrison est nommé maire de Chicago. C'est dire le degré d'estime auquel il est arrivé pour la population, assez cosmopolite, de la cité qu'il administre si énergiquement.

Chicago comprend une population de 760.000 habitants, dont 260.000 Allemands et 100.000 Nègres. Le reste est Américain (?) ou plutôt de toutes les nations possibles, depuis les Chinois qui y prospèrent, jusqu'aux Italiens, en assez grand nombre, et quelques Français.

---

28 Carter Harrison (1825-1893), homme politique américain, membre du Parti démocrate, maire de Chicago de 1879 à 1887 et en 1893. Il fut assassiné le 28 octobre 1893 au cours de son cinquième mandat de maire.

29 Référence à l'affaire de Haymarket Square, violente confrontation entre la police et les manifestants syndicaux à Chicago le 4 mai 1886, qui est devenue un symbole de la lutte internationale pour les droits des travailleurs. Elle est associée au 1er mai depuis que ce jour a été désigné comme Journée internationale des travailleurs par la Deuxième Internationale en 1889. Le 3 mai, une personne a été tuée et plusieurs autres blessées alors que la police intervenait pour protéger les briseurs de grève et intimider les grévistes lors d'une action syndicale à la McCormick Harvesting Machine Company, qui faisait partie d'une campagne nationale visant à garantir une journée de travail de huit heures. Pour protester contre la brutalité policière, les dirigeants ouvriers anarchistes ont convoqué un rassemblement de masse le lendemain à Haymarket Square. Ce rassemblement a été déclaré pacifique par le maire de Chicago, Carter Harrison, qui y assistait en tant qu'observateur. Après le départ de Harrison et de la plupart des manifestants, un contingent de policiers est arrivé et a exigé que la foule se disperse. À ce moment-là, une bombe a été lancée par un individu jamais identifié avec certitude, et la police a répondu par des coups de feu aléatoires. Sept policiers ont été tués et 60 autres blessés avant la fin des violences. Le nombre de victimes civiles est estimé de quatre à huit morts et 30 à 40 blessés.

Si nous avons eu à constater le mauvais état du pavage de New York, nous voyons que celui de la Métropole de l'Ouest, en bois debout, frappé simplement dans un sol marécageux, n'a rien à envier à celui de New York. C'est quelque chose d'atroce et d'inimaginable pour qui ne l'a pas vu, et surtout senti en marchant ou en circulant en voiture dans ces longues rues et avenues. Il paraît cependant qu'ici comme à New York, on dépense annuellement des sommes énormes pour l'entretien des rues. Vraiment, ce serait à se demander à quoi sert cet argent, si ce n'était pas un fait que tout le monde ici s'avoue, en souriant légèrement.

C'est égal, si l'on nous servait, à cet égard, en Europe comme on l'est aux États-Unis, il y aurait vraiment de quoi avoir une émeute. Quel scandale que cet entretien (?) de la voirie !

9 juin.

Une des Compagnies de chemin de fer de Chicago, le Burlington and Quincy, nous a fait visiter aujourd'hui ses ateliers d'Aurora, situés à environ 50 kilomètres de la ville. Son chef d'exploitation, M. Lowell, a tenu à venir avec nous et a organisé, dans ce but, un train spécial. Les installations sont bonnes, l'outillage ressemble beaucoup à ce que nous avons dans nos meilleurs ateliers européens, de façon à éviter, le plus possible, la main d'œuvre, ce grand desideratum aux États-Unis, en raison de son prix formidablement élevé. Nous avons passé une grande partie de la journée à Aurora, en rentrant à Chicago dans la soirée, épuisés par la chaleur atroce qui nous accable. Il est vraiment peu question que nous sortions ce soir de Palmer-House. Nous n'en pouvons plus.

Chicago, 10 juin.

On nous a menés aujourd'hui visiter les immenses ateliers de la Compagnie Pullman, à 20 kilomètres de Chicago. Là où, il y a juste six ans, existait un immense marécage, sur les bords du lac Calumet, tributaire du Michigan, s'élèvent aujourd'hui des ateliers splendides, dans lesquels on construit tous les wagons-lits qui desservent l'immense réseau des chemins de fer américains. La Compagnie Pullman possède 1.200 de ces sleeping-cars, et elle a des traités particuliers avec presque toutes les grandes compagnies de chemins de fer. Celles-ci trouvent à opérer de la sorte plus d'avantages que si elles possédaient, en propre, cet énorme matériel roulant. La Compagnie Pullman fait tout l'entretien des voitures et se borne à percevoir le supplément pour le confortable donné au voyageur, lequel est comparativement fort peu élevé par rapport à ce qui se passe en France. A côté des ateliers qui donnent de l'ouvrage à 4.000 ouvriers, s'élèvent de coquettes et propres maisons appartenant aussi à la Compagnie. Nous en avons visité plusieurs, et vraiment c'est un plaisir de voir la propreté et l'aisance qui règnent dans Pullman-City, dont la population est de plus de 15.000 âmes. Un théâtre est joint à celle-ci, théâtre, ma foi, fort bien installé et dans lequel, avec tout le haut personnel de l'usine, MM. Smith et Jewett, ainsi que les chefs de service de la Compagnie, venus de Chicago, nous avons organisé, séance tenante, un véritable concert. L'ami Gasc, mon collègue de l'Ouest, le grand musicien et chanteur de la Délégation, s'est surpassé, cette après-midi-là, et il a eu un nouveau succès transatlantique, celui-là plus grand que tous les autres. On nous a offert un lunch magnifique à l'hôtel de Pullman-City, et j'ai, comme à l'ordinaire, eu à porter la parole au nom de nous tous. C'est un des privilèges de celui qui parle anglais, et, ici, aux États-Unis, dans tout lunch ou dîner qui se respecte, le toast est obligatoire.

Chicago, 11 juin.

Voici la journée la plus intéressante peut-être, mais, à coup sûr, aussi la plus horrible que nous ayons passée à Chicago. C'est le grand centre de la production de la viande, tant fraîche que salée surtout. On a donc tenu à ce que nous visitions un des grands établissements où se triture cette matière. J'insiste avec intention sur le mot *triture.* On nous a donc menés dans l'usine (*packing house*) Armour, dans laquelle on a tué, en 1885, 330.652 bœufs et 1.133.479 porcs ! Un des chefs de la maison nous a accompagnés ; il nous a menés tout d'abord à l'abattage des porcs. Quelle odeur et quel spectacle, oh ! mon Dieu ! L'endroit est tenu aussi proprement que possible ; mais c'est égal, c'est une horrible chose à voir, quoiqu'elle soit intéressante. J'ai visité l'usine avec mes collègues, mais tous nous sommes ici d'accord pour dire que jamais on ne nous y reprendra. Les malheureux porcs sont poussés dans une caisse profonde d'environ un mètre et demi, au nombre de 12 à 18. Là, un ouvrier les saisit, à tour de rôle, par la patte de derrière et leur passe un anneau à nœud coulant relié à une chaîne ; celle-ci est soulevée par un mouvement de déclic, et l'animal est suspendu en l'air. Il arrive ainsi devant le boucher qui, en deux coups d'un couteau très affilé, lui ouvre la gorge et le rejette par une poulie jusqu'au bout d'une caisse toute dégouttante de sang. Le jet dure environ pendant une minute, puis le porc est plongé dans l'eau bouillante. À l'extrémité de la cuve, il est saisi par une trémie en fer qui l'amène dans une machine armée de grandes lames pour déraciner le poil. Le cochon passe dans toutes les positions possibles sous cette machine, et enfin il arrive sur une table où des ouvriers raclent les soies. De noir, il est devenu complètement blanc. Puis, il est ouvert ; et en un instant tout son intérieur est vidé ; enfin, il est soulevé sur un chemin roulant et passé par des crochets à la chambre de dépeçage. Là, un homme fend la graisse du dos d'un seul coup de couteau, et un autre, armé d'une hache, coupe l'animal en deux parties égales. Montre en main, nous avons suivi l'opération ; depuis l'instant où le porc est égorgé jusqu'à celui où il est débité en deux morceaux, cela demande exactement *sept* minutes.

Un autre spectacle horrible nous attendait à l'abattage des bœufs. On les parque et on les entasse dans une cour, puis on leur ouvre, par une trappe, une petite case avec plan incliné, où ils se précipitent. Il y a vingt de ces cases à la file les unes des autres. Au-dessus, s'étend un chemin de ronde en planches sur lequel l'assommeur circule, du matin au soir. A chaque instant, on voit son terrible marteau s'élever et s'abattre sur les malheureuses bêtes. Aussitôt l'assommage effectué, on lève l'animal à l'aide de poulies mues par la vapeur, on le saigne, on lui coupe la tête et on le dépouille. Puis, sa carcasse, fendue en deux, est passée dans des chambres réfrigérantes tenues constamment à 3 degrés au-dessus de zéro, où elle attend son embarquement dans des wagons réfrigérants par lesquels la viande est transportée à New York et autres grandes villes. Rien n'est perdu dans les animaux, et tout trouve son emploi jusqu'à faire de l'engrais avec les parties basses, le sang et les os. La viande est de belle qualité, et aucun animal n'est admis à l'abattoir sans avoir passé par l'inspection d'un délégué du gouvernement des États-Unis. Je ne donnerai pas les détails de la fabrication des saucisses et conserves. C'est par centaines de tonnes qu'elles sont fabriquées, chaque jour, chez Armour et C°, à Chicago.

L'usine emploie 4.000 individus en été et 5.000 en hiver.

En sortant de là, on nous a menés à un magnifique lunch, donné à l'hôtel des Abattoirs ; mais nous avions tous un tel dégoût de viande après ce que nous avions vu, qu'il nous a été impossible de manger quoi que ce soit, au grand étonnement de nos hôtes[30].

Nous pensions avoir fini avec les abattoirs ; pas du tout. Un des gros bouchers (*packers*), M. Nelson Morris, parti de décrotteur et ayant, paraît-il, aujourd'hui quelque chose comme 20 millions de fortune, a absolument tenu à nous faire voir son installation. Nous pensions voir seulement les bœufs et les moutons en wagons. Pas du tout ; on nous mène dans un superbe bureau, et de but en blanc, nous passons dans l'abattoir des bœufs ! C'en était trop, cette fois ; nous nous sauvons, malgré les protestations du sieur Morris, et nous arrivons dans l'atelier où l'on fabrique, de toutes pièces, le beurre avec la graisse de bœuf, en la soumettant à la presse hydraulique pour en exprimer d'abord l'huile, puis la malaxant avec toutes sortes d'ingrédients. Nous avons assisté à la mise en caisse de ce *beurre*, et il porte des étiquettes ronflantes avec lesquelles on l'exporte en Europe comme *beurre* américain[31]. Ce peut être très sain ; certainement, c'est fait proprement, mais ce n'est pas du beurre, et c'est, en résumé, un des plus beaux spécimens des progrès de la chimie.

Un détail que j'oubliais de donner : le jour de notre visite chez Armour et C°, on avait à tuer 6.000 porcs et 1.200 bœufs. Autant de ces derniers chez Morris !

Le soir, MM. Schwartz, président, Fisher, vice-président et Quackenboss, secrétaire du magnifique Chicago-Club, auquel nous avons été affiliés pendant notre séjour, viennent nous prendre en coach à quatre chevaux pour nous emmener dîner sur les bords du lac, à la succursale de campagne de leur club. Nous avons fait là une promenade charmante, à tous égards, vu les magnifiques boulevards de Chicago, dont les habitants peuvent être fiers, et nous sommes revenus par la même voie en ville, après une agréable soirée, qui nous a un peu fait oublier les horreurs de

30 Cette visite mémorable des boucheries industrielles de Chicago annonce un épisode similaire de *Tintin en Amérique* de Hergé, lorsque le héros est précipité dans une cuve de viande, à l'instant où une grève se déclenche. On le voit ressortir de la cuve à quatre pattes sur le tapis roulant, au milieu des boîtes de corned-beef qui s'alignent devant lui.

31 Beurre américain. Ce beurre américain n'est autre que de la margarine inventée en 1869 par le pharmacien français Hyppolyte Mège Mouriès.

la journée et pour laquelle nous devons des remerciements sincères à nos aimables hôtes, qui ont fait grandement les choses avec nous.

Pendant notre promenade de Chicago au Club, nous avons été témoins du *déménagement* d'une maison en bois. J'avais vu dans le *Magasin Pittoresque*[32], je crois, une gravure représentant cette opération.

Vers l'extrémité de Michigan-Avenue, nous avons aperçu, sur la chaussée, une maison entière composée d'un rez-de-chaussée et d'un étage, en bois, qui avait été soulevée tout d'une pièce, à l'aide de vérins. Elle avait tout son mobilier à l'intérieur et reposait sur d'énormes longrines en sapin ; celles-ci étaient installées sur de gros rouleaux, et la maison circulait à l'aide de chaînes mues par un treuil placé un peu plus loin et fixé solidement dans le sol. L'habitation en question avait à être transportée à environ un kilomètre de son emplacement primitif. Cela paraissait tout simple à nos hôtes, accoutumés comme ils le sont à voir journellement ce genre de *déménagement* à Chicago, et, paraît-il, aussi, dans la plupart des grandes cités américaines. Mais pour nous autres Européens, c'était vraiment un spectacle curieux et nouveau que celui dont nous venions d'être témoins[33].

12 juin.

C'est à qui des 32 compagnies de chemins de fer aboutissant à Chicago nous aura sur son réseau. Comme nous sommes déjà pas mal fatigués de la vie accidentée que nous menons et que, d'un autre côté, il faut bien voir et être en représentation, nous acceptons d'aller à Milwaukee, ville de 175.000 habitants, à 140 kilomètres de Chicago. M. Cuyler nous emmène sur le réseau du Chicago and North Western, – lequel, entre parenthèses, comprend *seulement* 5.000 kilomètres, un peu moins que le Paris-Lyon[34], – par train spécial, à Milwaukee, que nous avons visité avec intérêt. La ligne longe le lac Michigan sur les deux tiers du parcours. L'illusion est complète avec la mer ; du reste, le Michigan a, modestement, 640 kilomètres de longueur et 90 de largeur. Il y circule des vapeurs et des trois-mâts énormes ; aussi la navigation y est-elle des plus actives. Milwaukee est un point important pour le commerce des

32 *Le Magasin Pittoresque* : magazine français fondé en 1833.

33 Déménagement à Chicago. En 1861, Maurice Sand dans *Six mille lieues à toute vapeur* et en 1876, Edmond Cotteau dans *Six mille lieues en soixante jours* décrivent des scènes analogues, également à Chicago.

34 Il s'agit du réseau de la compagnie PLM (Paris-Lyon-Méditerranée)

grains, des viandes et des bois. La ville est jolie, et les habitations sont coquettes. De plus, elle est accidentée par des collines, ce qui ajoute à sa beauté, par rapport aux autres villes américaines visitées par nous et qui sont toutes en pays absolument plat, y compris Chicago spécialement à cet égard.

DE CHICAGO À WASHINGTON

14 juin.

Nous avons pris, hier, congé de nos amis des Compagnies de chemins de fer américains et de MM. Kozminski, les agents de la Compagnie transatlantique à Chicago, qui ont fait tout au monde pour nous en rendre le séjour agréable et intéressant. Mais quelle horrible chaleur il a fait hier ; nous déjeunions cependant à l'hôtel Richelieu, tout près de la rive du lac Michigan. Néanmoins, on ne ressentait absolument aucun adoucissement à la fournaise de la température, dont les habitants de Chicago eux-mêmes paraissaient souffrir.

Il nous a fallu, pourtant, passer la nuit en wagon-lit pour aller d'une seule traite à Pittsburg. C'est tout simplement 750 kilomètres que nous avons franchis en treize heures par l'express (Limited). On nous a servi dans le car un dîner excellent qui aurait fait honneur à un bon restaurant parisien, pour un dollar (5 Fr. 25), et nous avons gagné nos couchettes où, malheureusement, il faisait une chaleur insupportable. Nous nous trouvons, au réveil, à Pittsburg en Pennsylvanie, après avoir longé les rives pittoresques de l'Ohio et vu les tuyaux qui donnent issue au gaz naturel de pétrole pour éclairer les villes et villages. On allume simplement le gaz à la sortie des tuyaux de forage, et ce n'est pas plus difficile que cela. On trouve, paraît-il, le gaz à des profondeurs variant de 60 à 150 mètres au plus. Le gaz qui brûle fait l'effet d'immenses torchères. S'il n'est pas doué d'un bien grand pouvoir éclairant, il a au moins l'avantage de ne pas coûter cher. On l'emploie aussi pour le chauffage domestique et celui des fours des grandes usines à acier de la région.

Partis de Chicago à cinq heures du soir, nous arrivons à six heures du matin à Pittsburg. Là, nous sommes restés seulement vingt minutes.

Un train spécial, avec les chefs de la grande Compagnie du Pensylvania Railroad, MM. Sims, secrétaire, Wood, chef d'exploitation, et Dudley, venus de Philadelphie et d'Altoona, nous attendait, et nous avons appris que, pour nous reposer des 750 kilomètres de la nuit, nous allions filer de suite, avec la même locomotive et le même mécanicien, jusqu'à Washington. Cela nous fait seulement 670 kilomètres de plus à faire pour gagner notre gîte du soir. Il paraît qu'ici, en Amérique, de pareilles distances ne comptent pas. Enfin, nous aurons franchi 1.425 kilomètres d'une seule traite, et nous mettrons vingt-cinq heures et demie pour les parcourir.

Nous passons, pour la première fois depuis notre arrivée en Amérique, par une région des plus accidentées et des plus jolies, car nous franchissons la chaîne des Alleghanys. La contrée est boisée et fort belle. La population est dense en Pennsylvanie ; les usines et les fermes se touchent de fort près. Au double point de vue du chemin de fer et du pittoresque, nous avons lieu d'être satisfaits sous tous les rapports. Nous passons à Baltimore, mais sans nous y arrêter, ni même pouvoir nous rendre compte de ce qu'est l'aspect de la ville, tant la gare est encaissée dans une tranchée.

Enfin, à six heures et demie, nous arrivons à Washington, et ce qui nous frappe tout d'abord, c'est l'aspect imposant de l'immense Palais du Congrès, où siègent le Sénat et la Chambre des Représentants. On nous montre, à la gare, dans la salle d'attente, l'endroit où le président Garfield a été assassiné, le 2 juillet 1881, par Guiteau[35]. La place est marquée par une étoile en bronze, incrustée dans le plancher. Sur le mur est encastrée une sorte de petit mausolée en marbre blanc, avec plaque commémorative.

Washington est une ville magnifique, avec les avenues et rues les plus larges que nous ayons encore vues aux États-Unis. Le plan général, tracé par un ancien officier du génie français, le colonel Lafond[36],

35 Assassinat du président Garfield. Le 2 juillet 1881, après seulement quatre mois au pouvoir, alors qu'il se rendait en vacances en famille en Nouvelle-Angleterre, le Président Garfield est abattu de deux balles dans la gare de Washington, D.C., par Charles J. Guiteau, un illuminé. Garfield meurt 80 jours plus tard des suites de ses blessures.

36 Capitaine Lafond. Il s'agit en fait du major L'Enfant. Ces quelques lignes sur le plan de Washington ne figurent pas dans la version du récit de Tony Visinet publiée par le *Journal de Rouen* du 23 juillet 1886. Elles semblent avoir été introduites *a posteriori* pour la publication aux éditions de la *Compagnie Générale Transatlantique* en 1887. Il faut noter

ressemble beaucoup à celui de Versailles. De l'immense place du Palais du Congrès rayonnent trois superbes avenues, répondant à celles de Paris, de Sceaux et de Saint-Cloud. Pour la première fois, nous trouvons un pavage en asphalte propre et convenable ; jusqu'à présent, le pavage des villes visitées par nous, New York, Detroit, Chicago (oh ! Chicago !) est simplement quelque chose d'abominable et d'indescriptible pour un Européen. Nos amis du Pensylvania-Railroad, pour nous reposer de nos vingt-cinq heures et demie de chemin de fer, nous emmènent au National-Theatre de Washington. J'aurais, tout d'abord, je l'avoue, mieux aimé aller me reposer. On jouait le *Mikado*, l'opéra-comique qui a tant de succès à Londres. Je n'avais jamais pu le voir en Angleterre ; il me fallait venir en Amérique pour l'entendre. La pièce est gentille, d'assez bonne musique, et bien jouée par la troupe.

WASHINGTON

15 juin.

Nous commençons à visiter Washington, toujours sous la conduite de nos aimables hôtes américains, MM. Wood, chef d'exploitation, et Sims, secrétaire du Pensylvania-Railroad. Nous commençons par le Musée, où nous trouvons le *Régiment qui passe*, de Detaille[37], une *Charlotte Corday en prison*, splendide, de Muller[38], et enfin le fameux marbre de Vela[39], *Les Derniers Jours de Napoléon Ier*, qui a eu tant de succès à l'Exposition de Paris, en 1867. On nous fait ensuite visiter les ministères, où les présentations de rigueur, notamment au général Sheridan[40], un des héros de la

---

que Marguerite Dupré, nièce de Tony Visinet, vient d'épouser Joseph Lafond, rédacteur en chef du *Journal de Rouen*… D'où probablement la confusion.

37 Édouard Detaille (1849-1912), peintre français renommé pour ses scènes de bataille, notamment celles de 1870-1871.

38 Charles Müller (1815-1892), peintre français d'histoire, de genre et portraitiste.

39 Vicenzo Vela (1820-1891), sculpteur italo-suisse considéré comme chef de file de l'école naturaliste.

40 Général Sheridan. Philip H. Sheridan (1831-1888) était un officier de cavalerie américain très performant dont le leadership militaire au cours de la dernière année de la guerre de Sécession a joué un rôle déterminant dans la défaite de l'armée confédérée. Diplômé de l'Académie militaire américaine de West Point, dans l'État de New York (1853),

Guerre de Sécession et ministre de la guerre, se suivent et se ressemblent, naturellement. Puis, on nous annonce que nous serons reçus, à midi, par le président de la République, M. Cleveland[41], à White House[42]. Nous sommes tous en costume de voyage, avec chapeaux ronds, et nous nous récrions au sujet de notre tenue. On nous rassure à cet égard ; il paraît que c'est l'habitude du pays de venir serrer la main au chef de l'Etat comme on est habillé, sans aucun souci d'une étiquette qui n'existe pas ici.

Sheridan servit dans des postes frontaliers jusqu'au printemps de 1862, date à laquelle il fut nommé colonel du 2e régiment de cavalerie du Michigan. En juillet, il divisa habilement ses troupes en infériorité numérique pour mettre en déroute une importante force confédérée à Booneville, dans le Mississippi. Nommé brigadier général, il dirigea la 11e division de l'armée de l'Ohio à Perryville, dans le Kentucky, en octobre, alors qu'elle tenait sa position contre des attaques répétées. À la bataille de Stones River (décembre 1862-janvier 1863), il est fait major général des volontaires pour sa défense du centre droit des troupes fédérales. Sheridan ne put empêcher la défaite de Chickamauga, en Géorgie, en septembre 1863, mais son assaut sur Missionary Ridge, au-dessous de Chattanooga, au Tennessee, en novembre, mit un brillant point final à ses combats dans l'Ouest. Cette victoire impressionna tellement le général Ulysses S. Grant que Sheridan fut appelé à l'est au printemps 1864 pour diriger la cavalerie de l'armée du Potomac. Après avoir participé à la bataille de la Wilderness (mai 1864), il mena un raid vers Richmond, en Virginie, qui détruisit une quantité considérable de fournitures et de matériel roulant confédérés et entraîna la mort du grand chef de cavalerie sudiste, le général J.E.B. (« Jeb ») Stuart. Le 4 août, Sheridan reçut le commandement de l'armée de la Shenandoah et fut chargé de chasser les Confédérés de cette vallée et de ses riches fermes, qui avaient soutenu la défense de la capitale sudiste pendant plus de trois ans. Lors de la troisième bataille de Winchester (Virginie) en septembre, il chassa le général Jubal de Winchester et remporta deux autres victoires au cours des semaines suivantes. Sheridan détruisit la capacité de la vallée de la Shenandoah à soutenir les opérations militaires du Sud. Pour cet exploit, il fut fait major général et reçut les remerciements du Congrès. Ayant terminé sa mission dans la vallée, Sheridan rejoignit sa cavalerie devant Petersburg en mars 1865. Avec le 5e corps d'infanterie ajouté à son commandement, il contourne le sud et l'ouest de la ville pour couper les communications ferroviaires du général confédéré Robert E. Lee. Après la guerre, Sheridan se rendit dans le golfe du Mexique, où sa présence le long de la frontière du Texas précipita la chute de Maximilien, empereur du Mexique, en 1867. Il fut nommé commandant militaire de la Louisiane et du Texas (1867), mais son administration sévère des mesures de reconstruction conduisit à sa destitution par le président Andrew Johnson. Il planifia et dirigea avec succès une campagne indienne (1868-1869), après quoi il fut promu lieutenant général. Il devint général en chef de l'armée en 1883 et, cinq ans plus tard, général de l'armée des États-Unis. Il a passé ses derniers mois à écrire ses mémoires.

41 Président Cleveland. Grover Cleveland (né le 18 mars 1837 à Caldwell, New Jersey, mort le 24 juin 1908 à Princeton, New Jersey) est le 22e et 24e président des États-Unis (1885-1889 et 1893-1897). Il est le premier président à avoir été élu pour deux mandats non consécutifs. Cleveland s'est distingué comme l'un des rares politiciens du Gilded Age des États-Unis (1865-1901), vraiment honnête et homme de principe.

42 Autrement dit, la Maison Blanche, où réside le Président des États-Unis.

Nous arrivons à White-House, dans un large vestibule sur les murs duquel figurent les portraits des présidents ; puis, on nous introduit dans un beau salon bleu, orné d'une magnifique pendule Empire offerte par Napoléon Ier. Nous attendons quelques minutes, pendant que M. Cleveland donne audience au prince héritier du Brésil, en visite aux Etats-Unis. Puis, sans aucune annonce préalable, le président entre dans le salon ; M. Wood nous présente individuellement, et M. Cleveland nous donne à tous une formidable poignée de main. La conversation s'engage sur un ton presque familier, et en ma qualité d'*Anglais*, comme mes collègues m'appellent, c'est moi qui fais les frais de la conversation. Elle roule, naturellement, sur nos incidents de voyage aux États-Unis. J'en profite pour dire au président combien nous sommes touchés de l'accueil qui nous est fait partout et pour ajouter que nous ne voulions pas passer à Washington sans avoir l'honneur de lui présenter nos hommages. Notre audience a duré à peu près dix minutes. Nous serrons à nouveau la main au président, puis l'on nous fait visiter les appartements de White-House ; la résidence officielle du président des États-Unis représente un bel hôtel de l'Avenue du Bois de Boulogne. Les Américains commencent à trouver que ce n'est pas assez grandiose comme représentation.

Nous passons auprès de la colonne Washington, en forme d'obélisque. Elle est construite en pierres apportées de tous les différents États de l'Union, sur les bords du Potomac. La hauteur de cet édifice est de 555 pieds, ce qui représente 167 mètres.

Les collections du Musée National sont extrêmement remarquables et bien classées par le conservateur, M. Donaldson, qui nous en fait les honneurs. Il y a là de tout, depuis la minéralogie jusqu'à l'histoire naturelle la plus complète. À côté, se trouve l'établissement de pisciculture, d'où le gouvernement des États-Unis expédie, sur tous les points de l'Union, l'alevin destiné au repeuplement des rivières et fleuves. Les procédés sont extrêmement intéressants à examiner. On nous montre l'aménagement des cars[43] de chemins de fer qui servent au transport sur tous les points du territoire. C'est fort ingénieux : l'alevin est conservé à l'aide de caisses réfrigérantes, dans les bocaux, et les agents couchent dans les cars. Les employés vont ainsi faire des voyages de 5

43 La langue anglaise encore une fois ! L'on dirait plutôt « voiture » aujourd'hui ou bien, au prix d'un nouvel anglicisme, « wagon ».

à 6.000 kilomètres, et ils en partent comme nous le ferions pour un simple voyage de Paris à Lyon ou au Havre. Les distances, ici, sont tellement énormes, que l'on n'y fait plus attention. Il est vrai de dire que le confortable, dans les sleeping-cars, est beaucoup plus grand que sur nos lignes continentales d'Europe.

On nous a fait visiter le Palais du Congrès, après une rapide course dans l'arsenal, dont la visite ne nous a révélé rien de curieux.

Le Palais du Congrès est un magnifique édifice en marbre blanc, qui présente un développement de façade de plus de 500 mètres ; au centre est un dôme rappelant celui de Saint-Paul de Londres, et ayant 120 mètres de hauteur. On nous a fait les honneurs d'une séance du Sénat et de la Chambre des Représentants. Dans la dernière, il y a place pour 325 membres, et la disposition de l'hémicycle est semblable à celle de notre Palais-Bourbon. Là, nous avons vu et entendu un orateur qui hurlait et gesticulait. Je dois dire que je ne comprenais pas un mot de ce qu'il déclamait avec tant de feu et que ces messieurs du Pensylvania Railroad étaient logés à la même enseigne que moi ; cela m'a consolé de mon ignorance. Au Sénat, il y a place pour 76 membres, mais ils étaient clairsemés ; il n'y en avait pas plus de 30 assistant à la séance, et la chaleur tropicale exerçait sur la plupart son influence somnifère. On nous a fait visiter l'appartement où le président vient signer les lois votées ; c'est joli comme disposition et ameublement.

Pendant que nous étions dans le salon du président, il s'est passé devant nous un fait assez caractéristique, le voici :

Nous étions conduits par un employé du Palais du Congrès, et celui-ci nous vantait avec enthousiasme le degré de liberté illimitée que possèdent tous les citoyens des États-Unis. À ce moment, un commis, homme de couleur, qui travaillait dans le bureau près de la fenêtre, se retourna vers nous et, en excellent français, prononça ces propres paroles : « Ne croyez rien de ce que l'on vous dit là, Messieurs, il n'y a pas de vraie liberté dans un pays où une race en opprime une autre. Il est bien vrai que, depuis la guerre de Sécession, on nous a donné, nominalement, à nous hommes de couleur, les mêmes droits politiques qu'aux blancs. Mais, en fait, cela n'existe pas dans la pratique aux États-Unis, où, comme par le passé, quoique à un degré moindre cependant, on a et on aura toujours les préjugés de caste contre les hommes de sang mélangé.

C'est seulement chez vous, en France, que règne la vraie liberté sous le rapport des races et non ici. Vive la France[44] ! »

Nous avons été vraiment touchés de cet incident et avons spontanément serré la main à ce brave homme, que nous ne reverrons jamais bien certainement, et cela à la grande surprise de notre guide. Le fait ci-dessus mentionné pour le préjugé de race est parfaitement exact, et nous avons été souvent à même de le constater pendant notre séjour en Amérique.

L'abolition de l'esclavage, inscrite dans le programme du Nord contre le Sud, a été, en réalité, une affaire de mots sonores plutôt que de fait. Il n'y a qu'à voir les professions serviles des nègres et hommes de couleur, dans les États du Nord, pour s'en rendre compte.

Enfin, après dîner, on nous a menés à la campagne, à une kermesse allemande où l'on dansait et surtout l'on buvait, comme on ne peut le faire qu'en Amérique. Quelle capacité d'estomac ont ces messieurs-là !

Comme nous devons partir de bonne heure demain matin pour Philadelphie, on nous a fait coucher dans le wagon-lit en gare ; mais quelle chaleur, grand Dieu !

PHILADELPHIE

New York, 16 juin.

Partis de Washington par train spécial à six heures et demie du matin, nous arrivions à dix heures à Philadelphie, et avons pris congé, dans la gare, de nos aimables hôtes et collègues du Pensylvania, avec lesquels nous venons de passer deux jours si agréables,

On nous fait, naturellement, visiter la gare de Broad Street, fort intéressante, et nous avons la bonne fortune de tomber sur un guide charmant, M. Feldpauche, ingénieur de la compagnie, qui a fait ses études à Paris et est sorti de l'Ecole Centrale.

---

44 Cette déclaration permet de mesurer les résultats tout relatifs de la guerre de Sécession (1861-1865) quant au comportement des Américains et à la question raciale aux États-Unis. Cet employé noir en question, qui parle un excellent français, est sans doute originaire de la Nouvelle-Orléans et à tout le moins de la Louisiane. Il reste qu'au nord comme au sud des États-Unis, à cette époque, les noirs sont au service des blancs, et cordialement méprisés par eux.

Après la visite obligatoire de la gare, il nous conduit à Fairmount-Park, le plus grand champ de récréation des États-Unis, puisqu'il a 11 kilomètres de longueur. D'une tour, reste de l'Exposition de 1876, élevée de 78 mètres et au sommet de laquelle on parvient par un ascenseur, nous jouissons sans fatigue du magnifique panorama de Philadelphie, dont nous avons pu, dans une course rapide, apprécier la beauté et la régularité des rues. Puis, sur l'heureuse instigation de notre cocher, nous allons assister à une grande représentation de la vie américaine indienne et sauvage dans le Far West des États-Unis, sur le territoire indien, et où l'on fait la chasse aux bœufs et aux chevaux sauvages. Il y a là 80 Indiens authentiques campant sous la tente, et accompagnés par des trappeurs et des chasseurs de l'Arkansas, du Dakota, ainsi que des Réserves Indiennes. Ils ont les costumes nationaux avec les plumes d'aigle réglementaires pour les boucliers et les coiffures. C'est extrêmement pittoresque ; les femmes, que l'on a grand-peine à distinguer des hommes, ont, comme ces derniers, la peau peinte en couleurs voyantes, rouge, jaune et cuivrée. Ils sont tous sales à faire peur ; mais c'est égal, ce sont de fameux cavaliers et de rudes jouteurs pour les trappeurs. Ils ont quitté ces territoires depuis plusieurs mois et font le tour des États-Unis, en donnant des représentations quotidiennes dans les grandes villes. Il y avait une assistance fort nombreuse pour voir ce curieux spectacle. Les trappeurs sont d'une adresse extrême comme cavaliers et lanceurs de lasso et également comme tireurs de balles à la carabine. Je ne voudrais pas servir de but à ces messieurs qui abattent des balles de terre cuite, lancées au loin à toute volée. Nous venons coucher à New York.

LES RÉGATES À NEW YORK

17 juin.

C'est aujourd'hui jour férié à New York. Dans une ville comme celle-ci, maritime par excellence, le Derby et le Grand Prix auraient moins de chances de succès que la grande Régate des yachts, schooners et sloops, dans la splendide baie naturelle qui forme ce port incomparable où les plus gros navires, une fois qu'ils ont franchi la barre, n'échouent jamais le long des innombrables wharves longeant les rives de l'Hudson et de l'East River. Nous recevons une invitation pour aller en rade avec un des steamers du Pensylvania Railroad, le *Delaware* nous nous trouvons à son bord avec tout l'état-major de la Compagnie et MM. Sims, Wood, avec lesquels nous avons eu le plaisir de faire le voyage de Pittsburg à Philadelphie, ainsi que MM. J. Geer, agent général à New York et Crawford, agent divisionnaire de Jersey City. Il fait une chaleur accablante, à peine tempérée par une brise assez fraîche tout d'abord, mais qui se traduit, à la fin, par une ondée bienfaisante. Les grands steamers à trois ponts superposés et à balanciers du service de l'Hudson, couverts de monde, forment pour les coureurs un cortège des plus pittoresques.

On respecte la distance nécessaire pour les évolutions des concurrents ; mais on les suit, cependant, d'assez près pour bien juger de leurs allures respectives. Rien de plus coquet que ces magnifiques bateaux portant fièrement leur immense voilure blanche. Enfin, vers cinq heures, la course est finie, c'est le *Priscilla* qui a gagné ; cela m'est parfaitement indifférent. Mais, au moment du doublage à la bouée, je compte vingt-six yachts et steamers faisant cortège au vainqueur. C'est un vacarme assourdissant de sifflets à vapeur et de coups de canon pour saluer le *Priscilla*. Il paraît que c'est la mode américaine de témoigner son enthousiasme. Nous avons été en bateau jusqu'au-delà de l'ouvert de la baie de New York, plus loin que Sandy-Hook, le phare sur lequel se font les atterrissages quand on reconnaît la rive américaine.

CHEMIN DE FER ÉLECTRIQUE EDISON

18 juin.

Nous avons visité aujourd'hui, sous la conduite de MM. Johnson[45] et Hastings, de la Compagnie Edison, le chemin de fer électrique en expérience sur la voie surélevée des rues de New York. C'est fort

45 Edward Hibberd Johnson (1846-1917) était un inventeur et un associé de Thomas Edison. En 1882, lorsqu'il était vice-président de l'Edison Electric Light Company, il a créé dans sa maison de New York le premier arbre de Noël illuminé électriquement.

intéressant de voir se mouvoir, à plus de 40 kilomètres à l'heure, un wagon de chemin de fer autour duquel on ne voit absolument aucun engin. Le courant électrique moteur est transmis par un rail isolé et en retour par un rail ordinaire. C'est merveille de voir la facilité d'évolution de cette voiture dans des rampes très fortes et par courbes prononcées.

Les chefs de la Maison Edison nous ont également fait les honneurs de l'atelier central de Fulton Street, où sont installées les machines et les dynamos fournissant la lumière électrique à New York. Les dispositions sont fort ingénieuses, et il est vraiment curieux d'examiner les plans indiquant les divers circuits des fils souterrains, nécessaires pour desservir les 600 abonnés qui emploient chez eux l'électricité, à l'exclusion du gaz. Celui-ci est fort cher à New York, et il a dû baisser déjà considérablement son prix, en présence de la concurrence Edison. Malgré cela, la Compagnie n'a perdu aucun de ses clients ; loin de là, au contraire, puisqu'il est question d'établir deux autres centres de production d'électricité dans le nord de la ville.

19 juin.

Nous embarquons aujourd'hui, à bord du *Saint-Laurent*[46], une première partie de la Délégation des chemins de fer français. Nos collègues du Nord, du Paris-Lyon-Méditerranée et un de l'Est, rappelés en France plus tôt que nous par les nécessités du service, ne peuvent continuer le voyage avec nous. Le *Saint-Laurent* emmène aussi parmi ses passagers notre ami M. Mac-Lane, ministre des États-Unis à Paris, avec lequel nous sommes venus sur *La Champagne*, et son collègue de Russie, à Washington, M. de Struve[47], qui nous a fait l'honneur d'accepter à dîner avec nous, la veille, au restaurant Delmonico. Nous les conduisons à bord et les voyons partir du wharf de l'Hudson River dans l'après-midi. C'est là, naturellement, l'événement de la journée.

Edward H. Johnson est ainsi devenu le père des lumières électriques pour arbres de Noël.

46 Mis en service en 1866, le *Saint-Laurent* a été le premier navire à hélice affecté à la ligne le Havre-New York.

47 Karl von Struve (1835-1907), noble et homme politique russe successivement envoyé extraordinaire de la Russie et ministre plénipotentiaire au Japon, aux États-Unis et aux Pays-Bas.

20 juin.

Voici notre premier dimanche à New York depuis que nous sommes en Amérique. La matinée ressemble bien à celle des dimanches d'Angleterre et d'Écosse, c'est-à-dire que dans les grandes artères, telles que Broadway et la Cinquième Avenue, où, dans les jours de semaine, la circulation est si active et animée, on peut compter les rares piétons et voyageurs des tramways. Il fait un temps admirable, mais trop chaud, cependant, bien que, pour nous consoler, on nous dise que ce n'est rien en comparaison de ce qui se passera ici en juillet et août. Nous profitons du dimanche pour aller visiter le Central Park de New York. C'est à peu près, comme étendue, l'équivalent du Bois de Boulogne, un peu moins pourtant, je crois.

Le Central Park, créé de toutes pièces et à grand frais, est véritablement quelque chose de réussi comme ornementation et comme goût. Bien planté sur un terrain accidenté, et ayant des pelouses superbes coupées de rivières artificielles et d'un *lac* (?) sur lequel il y a des bateaux de plaisance, il forme dans son ensemble une promenade délicieuse. Quoique situé à plus de 10 kilomètres du sud de New York, centre des affaires, le Central Park méritera bientôt véritablement son nom de Central, tant l'extension de New York est rapide vers le nord de l'île de Manhattan.

Nous allons visiter, en longeant la rive de l'Hudson, le monument dans lequel sont déposés les restes du général Grant[48]. L'emplacement est admirablement choisi comme site. Sur un rocher dominant l'Hudson, dans le quartier nouveau de Riverside Park, s'élève une sordide construction en briques rouges formant caveau ; là, à travers une grille gardée par un factionnaire de l'armée régulière, on nous montre le cercueil du général, déposé sur le sol et couvert de fleurs et de couronnes. C'est bien mesquin pour cette « *gloire* » des Etats-Unis ; mais on nous dit, pour pallier notre impression, que tout cela n'est que provisoire. A part la promenade et le site qui sont charmants, nous regretterions d'avoir été grillés par le soleil, comme nous l'avons été ce matin, pour voir un pareil monument, indigne d'une grande nation comme les États-Unis.

---

48 Ulysses Simpson Grant, général américain né le 27 avril 1822 à Point Pleasant, Ohio, mort le 23 juillet 1885 à Mount McGregor, New York. Il commanda les armées de l'Union pendant les dernières années de la guerre de Sécession (1864-1865) et devint le 18e président des États-Unis (1869-1877).

Quand nous revenons en ville vers deux heures de l'après-midi, nous sommes tout surpris du changement de l'aspect de New York. Dans le Central Park, la foule circule comme au Bois de Boulogne. Il y a de la musique, fort suivie par les promeneurs. Décidément, les Américains, à cet égard, sont en grand progrès sur les Anglais et surtout sur les Ecossais. Une autre surprise nous est réservée, c'est de voir le Jardin des Plantes ouvert au public le dimanche. Ce serait tout ce qu'il y a de plus *shocking* pour les Anglais, puisqu'à Londres il n'est pas possible au public ordinaire de visiter, le dimanche, le Jardin Zoologique de Regent's-Park, sous le fallacieux prétexte que les animaux doivent, eux aussi, jouir du bénéfice du Sabbat.

Le Jardin des Plantes de New York est assez riche en beaux animaux féroces. Les tigres et les lions surtout sont superbes de vigueur et de santé, et il y a, dans un seul enclos, quatorze éléphants, réunis ensemble, qui s'aspergent mutuellement, à la grande joie des badauds.

Nous y voyons également un superbe bison *vivant* ; je mentionne ce fait parce que, d'ici à peu de temps, grâce à la guerre stupide et sans merci d'extermination qui est faite à ces animaux, la race purement américaine du bison aura disparu entièrement et n'existera plus qu'à l'état de légende ou de spécimens empaillés dans les Muséums d'Histoire naturelle.

Nous terminons notre intéressante promenade de l'après-midi par une visite au Panorama représentant le fameux combat naval entre le *Merrimack* et le *Monitor* lors de la guerre de Sécession[49]. La toile a été peinte par notre compatriote Poilpot[50] ; elle est admirable de lumière et de perspective. Les panoramas sont très patronnés, en Amérique, par le public.

Dans New York même, nous retrouvons la même animation qu'au Central Park, et cela nous parait extraordinaire ; sauf les magasins fermés, on se croirait presque à Paris.

Nous allons partir ce soir pour notre voyage au Canada.

---

49 Bataille du Monitor et du Merrimack. Le 9 mars 1862, pendant la guerre de Sécession, cet engagement naval eu lieu à Hampton Roads, en Virginie, port à l'embouchure de la rivière James. Il est connu comme le premier duel de l'histoire entre des navires de guerre cuirassés et marque le début d'une nouvelle ère de la guerre navale.

50 Théophile François Henri Poilpot (1848-1915), peintre, graveur et affichiste français. Il est réputé pour ses panoramas de batailles qui furent surnommés « Poilporamas ».

LES MILLE ÎLES. – LES RAPIDES DU SAINT-LAURENT

21 juin.

Partis de New York par le chemin de fer longeant l'Hudson jusqu'à Albany, nous quittons le New York Central Railroad à Utica et déjeunons mal, il est vrai, à Carthage, rien que cela. Les villes de cette partie de l'Etat de New York ont toutes des noms empruntés à l'histoire romaine : Syracuse, Rome, etc. Mais il n'y a que les noms, car elles ne représentent guère comme importance.

La région traversée par la ligne jusqu'au bord du lac Ontario, à Clayton, est assez monotone comme aspect. Ce sont des champs ordinaires, mélangés de quelques forêts où les troncs d'arbres pourris émergent fréquemment du sol. C'est là un côté du paysage auquel nous sommes habitués, depuis notre arrivée aux Etats-Unis.

À Clayton, nous embarquons sur un petit steamer par lequel nous allons entrer dans le Saint-Laurent, à sa sortie du lac Ontario. Le fleuve est véritablement majestueux. Il a là plus de six kilomètres de largeur, mais son chenal est coupé de nombreuses îles, toutes plus charmantes les unes que les autres. Ce sont des rochers recouverts d'un peu de terre végétale, sur lesquels poussent de beaux arbres dont les branches se baignent dans les eaux limpides, à courant paisible et profondes du Saint-Laurent.

Le bateau nous amène à un délicieux endroit, Alexandria Bay, où nous devons passer la journée, avant de continuer le voyage.

C'est une véritable oasis qu'Alexandria Bay, avec ses magnifiques hôtels, fort bon marché relativement au confortable[51] que l'on y trouve.

Dans l'après-midi, un petit steamer à hélice nous emmène faire une excursion à travers les chenaux des Mille Îles. Ce paysage est vraiment féerique, et la plume se refuse à décrire les splendeurs naturelles de ce coin de terre fortunée. Les riches Américains de New York et des États de l'Est ont bien compris quel parti on peut tirer de cet emplacement, et ils élèvent déjà de nombreuses et splendides villas sur ces îlots enchantés. Dans quelques années, il y aura là une véritable ville, peuplée, pendant

51 On relève l'anglicisme, dont Visinet est familier. Aujourd'hui on dirait tout simplement le confort.

les courts mois d'été, par les richards des villes américaines. Je dois ajouter que pour augmenter le charme de ces îles, le Saint-Laurent offre des ressources aux pêcheurs, même à la ligne, paraît-il, et que nous avons vu des échantillons remarquables de poissons énormes pris devant Alexandria Bay. Aucun de nous, cependant, malgré ses efforts et une patience dignes d'un meilleur sort, n'a pu ajouter le moindre fretin au menu de l'hôtel des *Thousand Islands*. C'est un fait dur à constater pour notre honneur national, mais cependant parfaitement correct.

Pendant que nous étions, à bord de notre yacht à hélice, à sillonner les chenaux du Saint-Laurent, nous avons vu venir à nous, remorqué par un petit vapeur, un de ces immenses trains de bois flottants (*rafts*) qui sont formés au fond du Lac Supérieur, et destiné à Montréal[52]. Ces radeaux ont près de 500 mètres de longueur et sont composés d'énormes pièces de bois de sapin et de chêne, reliées fortement par des chaînes et des cordages. Une vingtaine d'hommes y prennent place comme équipage et trouvent abri dans des huttes élevées à la partie supérieure. Ils mettent, paraît-il, près de trois semaines à franchir les lacs et à descendre ensuite le Saint-Laurent par les Rapides, les dimensions des *rafts* ne permettant pas leur passage dans les écluses des canaux latéraux. C'est une existence bien pénible et monotone que celle de l'équipage de ces radeaux de bois, qui représentent une des grandes richesses naturelles du pays.

22 juin

Nous quittons Alexandria Bay par le steamer *Corsican*, fort bien aménagé, à huit heures du matin, pour continuer notre descente du Saint-Laurent jusqu'à Montréal, par les Rapides. Pendant plusieurs kilomètres, nous passons encore à travers de nombreuses îles, toutes également jolies et pittoresques, puis le chenal se rétrécit, et le fleuve n'a plus qu'environ deux kilomètres de largeur. Les rives, encaissées d'abord dans des parois granitiques assez peu élevées, s'abaissent encore davantage à partir de Brockville, où elles deviennent sablonneuses, avec végétation abondante jusqu'au bord de l'eau.

Vers midi, nous arrivons aux premiers Rapides, ceux de Galop ; l'impression produite par ceux-ci est assez remarquable. Le chenal du

---

52 C'est ce que les chanteurs québécois Félix Leclerc ou Gilles Vigneault appellent une *drave*, de l'anglais *drive*, conduire.

fleuve se rétrécit sensiblement ; de six kilomètres il est tombé à 500 mètres, dans lesquels doit passer toute la masse d'eau. Là, se trouvent des seuils de rochers formant hauts-fonds et ne présentant qu'une faible profondeur. L'eau tourbillonne et écume à travers ces écueils entre lesquels il n'y a que des chenaux de peu de largeur. Subitement, le steamer passe de l'eau calme et paisible du Saint-Laurent dans les lames des Rapides, et il fait des soubresauts fort curieux. La physionomie du pilote est remarquable à contempler. Le moindre coup de barre, donné à faux, occasionnerait la perte du bateau sur les rochers.

Nous passons le grand Rapide de Long-Sault et arrivons dans le lac Saint-François, formé par le Saint-Laurent. Sa longueur est de 32 kilomètres et sa largeur de 12. À la sortie du lac, le fleuve rencontre deux autres rapides, ceux de Coteau puis de Cedars, et enfin de Split-Rock. La traversée des Cedars est celle qui fait le plus d'impression, à mon avis, par la force des lames soulevées dans le courant étranglé du Saint-Laurent. Un dernier lac franchi, celui de Saint-Charles, de 22 kilomètres de longueur sur 10 de largeur, et nous voici aux fameux rapides de Lachine, tout près de Montréal ; au village indien de Kagnawagha. nous embarquons le pilote indigène ; c'est une des attractions indiquées du voyage du *Corsican.*

Nous pensions voir un Indien avec ses plumes d'aigle et un costume ad hoc ; point du tout, nous voyons monter à bord un brave marin, au teint bronze, au regard calme, et c'est tout. Le fait est que le point où nous devons passer n'est pas rassurant le moins du monde. Devant le bateau se dressent des pointes de rochers noirâtres, sur lesquelles viennent se briser les vagues du Saint-Laurent. On se demande où le *Corsican* va passer. D'une main assurée, le pilote indien nous dirige le cap sur le courant, et nous nous sentons entraînés avec une vitesse vertigineuse, la machine ayant été arrêtée, préalablement, avant l'étroit chenal, entre les rochers. Notre bateau fait un bond formidable, puis nous retombons dans l'eau calme du fleuve. À partir de Lachine, celui-ci est navigable pour les plus gros navires Nous voyons à gauche se dérouler la montagne de Montréal (Mont Royal), au pied de laquelle est construite la métropole commerciale du Canada[53]. Nous passons sous le grand pont Victoria du chemin de fer du Grand-Trunk, qui a près de 2 kilomètres de longueur, et enfin, à sept heures du soir, nous

53 La métropole du Canada est à présent Toronto.

abordons au quai de Montréal, enchantés de notre voyage accidenté et pittoresque de la journée.

Il n'est pas possible de remonter les Rapides ; aussi, le gouvernement canadien a-t-il construit, parallèlement, des canaux de dérivation du Saint-Laurent. Ils sont à grande section et permettent ainsi d'avoir une ligne de navigation assez continue pour que de grands et forts navires de 4 mètres de tirant d'eau et 60 mètres de longueur, puissent venir, sans aucun danger et sans rompre charge, du fond des lacs Supérieur, Michigan, Erié et Ontario jusqu'à Montréal et Québec. Dans quelques années, on espère même approfondir assez les canaux du Saint-Laurent et de Welland pour que les navires de haute mer puissent venir d'Europe jusqu'au fond du lac Supérieur. Avec ce que nous avons pu voir de l'esprit d'entreprise et de suite des Américains, je ne doute pas de la mise à exécution de ce plan, et la conséquence sera une nouvelle diminution des frais de transport des grains et bestiaux sur l'Europe. L'œuvre poursuivie par les Canadiens, unis aux Américains, est bien grosse de conséquences pour l'avenir de l'agriculture du vieux Continent. Si à des prix de revient extrêmement bas, dus à la fertilité extraordinaire de terres sans valeur vénale, ne demandant, pendant des années, aucun engrais, on ajoute des frais de transport relativement insignifiants, on peut voir quelle concurrence formidable s'exercera, de ce côté-là, sur les marchés européens, et cela de plus en plus, sans limites imaginables[54].

OTTAWA

23 juin

Nous partons de Montréal, à neuf heures du matin, pour aller visiter Ottawa, la capitale du Dominion-Empire, résidence du gouverneur général du Canada et siège des Chambres.

La ville d'Ottawa n'est que depuis quelques années le siège officiel du gouvernement. Auparavant, le gouverneur se transportait alternativement à Québec et à Montréal, suivant les périodes de

54 À nouveau les craintes de Visinet s'expriment à découvert.

l'année. Pour couper court aux rivalités locales, et à la suite de la constitution de l'Union des sept provinces du Canada, sous le nom de Dominion[55], le gouvernement anglais a établi le siège des pouvoirs publics à Ottawa.

La ville est pittoresquement bâtie sur les bords de la rivière de ce nom, et elle est le centre d'un commerce immense de bois de sapin. Les arbres, coupés dans les forêts du Nord, sont réunis en radeaux flottants sur l'Ottawa, puis débités dans d'immenses scieries, mues par la rivière elle-même, dont la dérivation donne des chutes d'eau fort puissantes et en même temps économiques. L'Ottawa forme à la sortie de la ville les Rapides de Chaudière. Les eaux se précipitent à pic d'environ 20 mètres dans un immense entonnoir où elles bouillonnent. De chaque côté, sont des dérivations pour les scieries, et de là, les bois, débités en dimensions diverses, vont s'accumuler en piles immenses sur les bords de la rivière, où ils sont chargés pour Montréal, les eaux étant navigables, à partir de là, pour des steamers d'assez fort échantillon.

Les édifices publics, à Ottawa, sont groupés pittoresquement sur un rocher formant promontoire s'avançant dans la rivière même. Les palais des chambres Haute et des Communes forment un corps de bâtiments des plus gracieux. Autour sont groupés les ministères.

Le lien qui unit le Dominion au gouvernement britannique est bien faible. La couronne exerce ses prérogatives par l'entremise d'un gouverneur général, nommé pour quatre ans. Garnison insignifiante de troupes européennes, et cela à Halifax seulement ; Ottawa n'en a pas. À part cela, libre au Dominion de s'organiser comme il l'entend pour son administration intérieure, ses finances, ses travaux publics et son armée, composée de 25.000 miliciens.

Les budgets présentent, paraît-il, chaque année, des excédents considérables de recettes sur les dépenses. Heureux pays !

---

55 Dominion du Canada. En 1867, par une loi du Parlement du Royaume-Uni, les trois colonies britanniques d'Amérique du Nord – Nouvelle-Écosse, Nouveau-Brunswick et Canada – ont été unies en « un seul dominion sous le nom de Canada » et des dispositions ont été prises pour que les autres colonies et territoires de l'Amérique du Nord britannique puissent y être admis. Cette loi divise la province du Canada en provinces du Québec et de l'Ontario et leur donne des constitutions. Cette loi a servi de « constitution » du Canada jusqu'en 1982, date à laquelle elle a été renommée Loi constitutionnelle de 1867 et est devenue la base de la Loi constitutionnelle du Canada de 1982, en vertu de laquelle l'autorité du Parlement britannique a été transférée au Parlement canadien indépendant.

La partie d'Ottawa qui avoisine les ministères est fort bien bâtie en belle pierre grise et marbre, mais elle forme la plus petite partie de la ville. Le reste est bien tracé en blocs carrés, mais les maisons, encore clairsemées et en bois, forment ce que l'on nomme pompeusement les rues, religieusement numérotées, du reste, comme partout en Amérique.

Ces rues, dis-je, consistent en affreuses fondrières dans les champs, sans pavage, sans macadam, ni même de planches à plat pour les trottoirs. Aussi, quelles secousses pour atteindre, en cab antédiluvien, la gare du chemin de fer par lequel nous devons rentrer à Montréal. C'est épique cette course-là à Ottawa, et aussi les émotions de pauvres voyageurs qui voient le train en gare, prêt à partir, et se sentent dans un véhicule atroce dont le cheval ne peut le tirer des ornières. Enfin, cependant, par un dernier effort amené par les coups de fouet et les jurons énergiques de notre cocher, nous parvenons à nous sortir de là, et nous sautons dans le train, au moment où il démarrait.

Comme dernier souvenir d'Ottawa, je dois consigner ici la façon cordiale dont nous avons été reçus par MM. Trudeau, sous-secrétaire d'Etat des travaux publics, et Parent, ingénieur des canaux et chemins de fer. Ces messieurs ont mis à notre disposition, et avec le plus grand empressement, tous les documents dont nous pouvions avoir besoin.

MONTRÉAL

24 juin

Nous visitons aujourd'hui Montréal, où nous sommes parfaitement accueillis par le maire, M. Honoré Beaugrand[56], directeur et propriétaire du journal français *la Patrie*, ainsi que par MM. Perrault, ancien vice-consul de France, et Kamper, ingénieur, auxquels nous avons été recommandés.

56 Honoré Beaugrand, militaire, journaliste, propriétaire de journaux, homme politique et auteur, né le 24 mars 1848 à Saint-Joseph-de-Lanoraie (Lanoraie, Québec), décédé le 7 octobre 1906 à Westmount, Québec. En politique, il défend la plus pure tradition libérale, ce qui non seulement l'entraîne dans de vives polémiques avec les conservateurs et le clergé, mais l'oppose aussi aux libéraux modérés. Plus heureux sur la scène municipale, il est élu deux fois maire de Montréal (1885-1887).

Au Windsor Hôtel, où nous sommes descendus, on nous offre non pas le vin d'honneur, mais les drinks d'honneur, et Dieu sait s'ils sont nombreux et variés de la part de nos nouveaux amis, auprès desquels nous sommes *introduced*, mais dont il nous serait difficile de nous rappeler les noms.

Nous allons visiter successivement les chefs du Canadian Pacific Railway et du Grand Trunk du Canada, MM. Van Horne et Joseph Hickson, par lesquels nous sommes parfaitement accueillis et qui mettent à notre disposition tous les documents que nous pouvons désirer.

Ces deux réseaux représentent à eux seuls, modestement, 15.000 kilomètres. Un grand événement de chemin de fer va se produire, le 28 juin[57]. Le premier train direct du Canadian Pacific Railway va partir de Montréal pour Vancouver, sans rompre charge. C'est l'inauguration du cinquième chemin de fer transcontinental du réseau américain, et cela cinq ans avant l'expiration du délai de concession, le chemin devant, aux termes de celui-ci, être terminé seulement en 1891. La subvention donnée par le gouvernement au Canadian Pacifique Railway a surtout consisté en des terres fertiles, situées latéralement à la ligne et s'élevant à 25 millions d'acres. La compagnie, par la colonisation du Far West et la vente de ces terres aux immigrants, réalisera un bénéfice considérable. En plus de cette subvention en nature, le parlement canadien a donné une certaine somme par mille construit pour ce réseau, auquel l'Angleterre attribue, et avec juste raison, une importance capitale pour le transit futur sur la Chine et le Japon, sans avoir à emprunter, désormais, un territoire étranger. Il y a 5.000 kilomètres de Montréal au Pacifique, et la distance sera franchie en moins de six jours.

On veut profiter de notre présence à Montréal et au Canada pour nous inviter à cette solennité, afin de représenter la France. C'est bien tentant, quoique bien fatigant. Mais il nous faut décliner l'offre si bienveillante qui nous est faite. Que diraient nos administrations respectives si nous leur télégraphions, des rives du Pacifique, que nous restons en Amérique encore quinze jours de plus ?

---

57 Inauguration du Canadian Pacific Railway. La construction d'une ligne de chemin de fer entre les provinces de l'est et celles de l'ouest du Canada était une condition du rattachement des colonies britanniques de l'est (Nouveau-Brunswick et Nouvelle-Ecosse) au Canada, stipulée dans l'acte d'union de 1867. Un scandale politico-financier entacha l'exécution de ce projet et en retarda l'achèvement.

Montréal est la métropole commerciale du Canada. Admirablement placée au centre des réseaux de chemins de fer canadiens, peuplée de 175.000 habitants, et avec son admirable port sur le Saint-Laurent, elle est appelée à un avenir immense. La ville est belle, bien construite à l'européenne, régulière, avec rues larges et plantées d'arbres. Le nombre d'églises y est considérable ; on en compte, dit-on, 175, dont les deux tiers pour le culte catholique. Le port présente, en bordure sur le Saint-Laurent, cinq kilomètres de beaux quais en bois et maçonnerie, le long desquels accostent des navires tirant jusqu'à sept mètres d'eau et plus. Des *élévateurs*, renfermant des quantités immenses de grains, sont établis auprès des voies du chemin de fer qui longent les quais, et la manutention de la marchandise est, à la fois, des plus rapides en même temps qu'économique.

L'accès de Montréal par des navires de cette dimension a été rendu possible par les travaux de dragage du lac Saint-Pierre, entre Québec et la ville. C'est de l'argent bien placé par le gouvernement canadien. Mais quelle splendide position géographique que celle de ce grand port intérieur, placé sur un fleuve pareil et à plus de *quinze cents kilomètres* de son embouchure dans l'Atlantique.

Pendant sept mois de l'année, il peut suffire à l'immense trafic dont il est l'entrepôt forcé. Lorsque le Saint-Laurent est gelé, la marchandise est alors obligée d'aller à Halifax et à Portland par voie ferrée ; on achève en ce moment un tronçon de l'Intercolonial Railroad, formant un raccourci considérable, et qui mettra Montréal à quinze heures seulement de Halifax. Les mêmes *cars* iront alors de ce point à Vancouver, sur le Pacifique[58].

Montréal est dominé, comme je le disais plus haut, par une haute montagne ayant près de 200 mètres de hauteur.

On accède au sommet, soit par une route magnifique, soit par un chemin de fer funiculaire, et là, d'une terrasse abritée par une sorte d'immense chalet rustique, on contemple le superbe paysage qui se déroule sous vos yeux. À vos pieds, la ville dont aucun détail ne vous échappe, puis la vallée du Saint-Laurent à gauche ; à droite, le pont Victoria, les Rapides de Lachine, le lac Saint-Charles et la vallée de l'Ottawa dans le lointain. C'est un coup d'œil que l'on n'oublie pas lorsqu'on l'a contemplé, comme nous avons eu le plaisir de le faire, par un temps splendide.

---

58 Le chemin de fer Intercolonial est complété le 1er juillet 1876 entre Halifax et Rivière-du-Loup, où le chemin de fer du Grand Tronc permet de rejoindre Lévis et Montréal.

QUÉBEC

25 juin.

Partis de Montréal hier soir, à sept heures, par le steamer *Montreal* qui descend le Saint-Laurent, nous arrivons, à six heures du matin, à Québec. La vieille capitale du Canada français se présente aux yeux du voyageur sous l'aspect le plus pittoresque.

Le Saint-Laurent est, là, réduit à environ un kilomètre et demi de largeur par la pointe de Lévis, sur la rive droite, où l'on accoste tout d'abord. De Québec, ce qui frappe, c'est la position de la citadelle, bâtie sur un immense rocher noirâtre, dominant à pic le confluent du Saint-Laurent avec la rivière Saint-Charles. La ville est coquettement adossée également sur ce rocher, et la route qui mène du rivage à la partie supérieure, passe à travers de vieilles rues tortueuses de maisons vermoulues, des plus pittoresques. Cela change des cités américaines et même de Montréal. Ajoutez à cela que vous entendez parler français de tous côtés, que les enseignes sont en français, et l'on peut se faire une idée de l'étonnement ressenti par nous, après un séjour de trois semaines en Amérique.

Québec a conservé son cachet de vieille ville de Normandie ou de Bretagne. Les maisons sont en pierre granitique noirâtre. Les rues sont tortueuses et avec des pentes fort roides. Quant au pavage, il est des plus primitifs, et pour juger de ses agréments, il faut prendre ce que les cochers indigènes, appelés *charretiers* par les habitants, dénomment pompeusement des *calèches*, ce qu'un étranger ne doit jamais manquer de faire.

Que l'on s'imagine une capote de cabriolet antédiluvienne, suspendue par des courroies de cuir à des ressorts en arc boutant. Deux places, assez bien rembourrées, forment le siège du fond ; mais à l'avant, celui du cocher est une petite planche, garnie plus ou moins. Les pieds du susdit reposent, Dieu sait comme, sur le rebord des brancards. Pour mon *bonheur* et par amour du pittoresque, je monte, moi second, sur le siège de l'automédon, mais, heureusement, par comparaison, avec la face tournée vers mes compagnons de route. Quand la machine se met en marche, je crois véritablement que tout mon corps va tomber en morceaux. Quelles secousses, grand Dieu ! Mes amis veulent arrêter la course désordonnée du traître petit cheval canadien, que nous voyions si paisible un instant avant. Je tiens bon pour l'amour du pittoresque ; mais je paie cher ce dévouement, car au bout d'une heure de cette course désordonnée, je me déclare vaincu en rentrant dans Québec. Comme ses collègues des deux continents, le cocher canadien est aussi voleur qu'eux, et pour nous récompenser de nous être confiés à lui, il veut nous prendre le triple du tarif. C'est là le fait de tout cocher qui se respecte, mais il en a été pour ses frais d'impudence et ses hurlements.

Le point le plus pittoresque de Québec est la promenade de la Terrasse.

Elle est située au-dessous de la citadelle et dans une position admirable. Dominant le Saint-Laurent, à une hauteur de 60 à 70 mètres, elle s'étend sur un développement d'environ 600 mètres, sur 60 à 80 de largeur. Pour éviter la boue, on a fait le pavage avec un plancher en bois de sapin, fort bien entretenu. De nombreux kiosques et des bancs, placés auprès des arbres, complètent le confortable de la Terrasse. C'est le lieu de rendez-vous de Québec, et je le comprends facilement. Il me semble que l'on ne doit jamais se lasser de contempler le grandiose paysage qui se déroule à vos pieds. Immédiatement au-dessous, près de l'estacade des bateaux de Montréal, le vieux Québec avec sa rue Champlain, composée de maisons ressemblant comme aspect à celles de Basse-Normandie et de Bretagne, avec leurs enseignes en français. Cette rue est une des curiosités que l'on fait voir, à juste titre, aux étrangers. Elle est étroite, tortueuse, et monte tellement à pic sur le flanc du rocher que l'extrémité de la chaussée s'étend sur des degrés en bois de sapin. Sur la Terrasse même est élevé un obélisque rappelant la mémoire des généraux Wolfe et Montcalm. Les deux adversaires, anglais et français, morts tous deux sur le champ de bataille de Québec, ont leurs noms réunis sur la même pierre par le gouvernement anglais.

Les monuments de Québec sont assez peu nombreux et présentent, en somme, peu d'intérêt, même la vieille cathédrale catholique, dont la décoration est froide et insignifiante.

Nous tombons, à Québec, en pleine procession de la fête de Saint Jean-Baptiste, le grand patron du Canada, dont la célébration n'a pu avoir lieu hier, à cause du Saint-Sacrement.

Nous voyons défiler dans les rues, ornées de feuillage et de pavillons français, canadiens et anglais, des corporations revêtues de tous les costumes possibles du siècle dernier, Jacques Cartier a son char et trône majestueusement à côté des typographes, des mégissiers, des forgerons et des pompiers *habillés en zouaves*. C'est un singulier uniforme pour ces braves gens ; mais il paraît qu'ils y tiennent beaucoup. Des musiques militaires de volontaires accompagnent la procession, et dans celle-ci figurent de nombreux enfants représentant saint Jean avec la peau de mouton et la houlette. Un drapeau-bannière porte comme devise en français : *Toujours et pour Tous*, et enfin le vieil étendard porté par les Français, à la bataille de Carillon[59], en 1759. Tout ce monde se rend à la messe de l'église Saint-Sauveur ; c'est de tradition à Québec, et, dans l'après-midi, on se rend aux joutes sur l'eau.

Une dernière visite à la Terrasse, d'où nous avons peine à nous arracher, et nous contemplons encore une fois le magnifique panorama qui se déroule devant nous. À nos pieds, le Saint-Laurent, puis, dans le lointain, le confluent de la rivière Saint-Charles et la grande île d'Orléans, qui coupe en deux le fleuve avant Québec[60]. La plaine est verdoyante et paraît bien habitée, à en juger par les nombreuses maisons entrevues dans le lointain.

Le mouvement commercial de Québec, bien qu'assez important, est bien loin d'atteindre au niveau de celui de Montréal. Le port n'est pas aussi considérable que celui de cette dernière ville. Le commerce d'exportation consiste surtout en bois de sapin débité, en céréales et en bestiaux vivants, exportés principalement sur l'Angleterre par les nombreuses lignes de steamers partant toutes de Montréal et touchant à Québec au passage.

59 La bataille de Carillon fut l'un des conflits les plus sanglants de la guerre franco-anglaise en Amérique (1754-1763) et une défaite majeure pour les Britanniques. Elle a eu lieu le 8 juillet 1758 au fort Carillon, sur les rives de la pointe sud du lac Champlain, à la frontière de New York et du Vermont. Elle opposa une armée française de presque 4 000 hommes sous le commandement du général Louis-Joseph de Montcalm à une force militaire britannique de 16 000 hommes sous le commandement du général James Abercrombie. Ce fut une défaite humiliante pour la Grande-Bretagne. Quelque 2 000 soldats britanniques avaient été tués ou blessés, dont quelque 350 soldats américains de la Nouvelle-Angleterre. Les pertes françaises s'élèvent à environ 350 hommes, auxquels s'ajoutent 200 tués ou blessés lors de l'escarmouche précédente du 6 juillet. À la suite de la défaite, Ambercrombie fut rappelé en Angleterre et remplacé par le général Jeffery Amherst, qui reprit avec succès le fort l'année suivante, le renommant Fort Ticonderoga. Les Français ont salué la bataille de Carillon comme une grande victoire, et son effet a été significatif, retardant la chute du Canada. La bannière de la victoire française, le drapeau de Carillon, a servi d'inspiration au drapeau provincial du Québec adopté en 1948.

60 L'île d'Orléans est très légèrement en aval de Québec. On la gagne par un pont à partir de la rive gauche du Saint-Laurent, non loin des chutes de Montmorency. Voir plus loin.

Quant au commerce d'importation, il est assez pauvre et ne comprend guère que des objets de consommation locale et des tissus.

Le tarif douanier du Dominion favorise les produits anglais, et il y a, malheureusement, bien peu de champ ouvert au commerce de notre pays dans cette ancienne colonie française.

Au sujet de ce dernier mot, notre cri à tous de la Délégation a été un mot d'exécration pour la mémoire de l'affreux, inepte et criminel monarque, ce Louis XV, qui, le siècle dernier, a laissé perdre à notre pays une contrée aussi grande, prospère et pleine d'avenir que ce Canada. Quelle force a, cependant, conservée notre langue, je ne dis pas influence, quand on pense que voilà cent vingt ans que la séparation a eu lieu et que, malgré tous les efforts des Anglais, la langue française a fini par être *reconnue* par eux à l'égal de la leur dans tous les actes officiels et les discussions législatives, à Ottawa. Les affiches sont imprimées en texte français et anglais. Les deux partis en présence sont bien tranchés, surtout au point de vue religieux. Mais à côté de ce sentiment si vivace de la langue, il faut bien reconnaître que le Canadien tient essentiellement à ses institutions autonomes. Il a son Parlement, ses ministres, son budget, qui se solde par des excédents de recettes, une liberté municipale absolue, un contrôle de l'État anglais, en fait purement nominal. Il aime à rappeler qu'il parle français et est d'origine française, mais de là à vouloir échanger son état politique actuel contre le retour au régime colonial français, cela n'est pas, quoi que l'on puisse penser de notre côté. C'est bien là l'expression des sentiments que l'on nous a exprimés, à Montréal, à Ottawa, à Québec, et je les crois sincèrement exacts.

DE QUÉBEC À BOSTON

Nous descendons de Québec au ferry-boat par le chemin de fer funiculaire, incliné à 60 degrés sur le rocher, et partons de Lévis, sur la rive droite du Saint-Laurent, par le Québec Central Railway, pour Boston, après avoir fait nos adieux à l'aimable consul général de France, M. Dubail, auquel nous avons été faire une visite, pendant notre court séjour dans la vieille et intéressante capitale canadienne.

La ligne longe, pendant quelques kilomètres, le bord du fleuve ; nous côtoyons la grande île d'Orléans et voyons, à distance, les belles chutes de Montmorency, dont les eaux se jettent dans le Saint-Laurent, après un saut de 60 mètres de hauteur.

La route tourne ensuite brusquement vers le sud et traverse un paysage abrupt, désolé, sur des lieues et des lieues de développement. Depuis que nous sommes en Amérique, nous n'avons pas encore vu pareille forêt. On pourrait presque la qualifier de vierge, si la sauvagerie entrait en ligne de compte. Mais quel gaspillage des ressources naturelles du pays, dans le sens des forêts s'entend, avec nos idées européennes à cet égard. Partout les arbres, le long de la voie ferrée, sont ou abattus à un mètre du sol ou bien ont été brûlés sur place et montrent leurs squelettes hideux, décharnés et noircis.

Les vallées sont assez pittoresques dans le lointain, mais c'est de la forêt, de la forêt et encore de la forêt sur plus de 200 kilomètres. Les endroits pompeusement décorés d'un nom de gare quelconque, consistent dans une affreuse baraque en planches, sans voies de garage la plupart du temps, et dans laquelle loge, nous le supposons du moins, le malheureux agent qui représente la Compagnie du Québec Central Railroad. Sur les cinquante lieues parcourues aujourd'hui, nous en avons bien, sans aucune exagération, franchi plus de trente sans rencontrer, littéralement parlant, une maison ou trace de culture quelconque.

La *distraction* a été de voir une mine d'amiante, à un endroit nommé Tetford[61]. Là, existe une agglomération d'une vingtaine de baraquements en bois, et les mineurs, en congé par suite de la Saint-Jean-Baptiste, viennent, par curiosité, voir le passage de notre train qui leur rappelle un pays civilisé. Le trafic, on le comprend, sur un pareil parcours, est très pauvre. Un train dans chaque sens, matin et soir, c'est tout ce qui circule, et encore pour Boston et le Sud-Ouest n'y en a-t-il qu'un seul. Peu de choix, comme on le voit, c'est celui que nous avons pris.

Pour protéger les ponts en bois contre les neiges et les intempéries, ils sont couverts en planches, comme en Suisse. L'abondance de bois fait que les locomotives sont chauffées avec des bûches de sapin. Quel ouvrage pour les malheureux chauffeurs que l'emploi d'un pareil combustible !

Ajoutons, pour compléter le tableau de cette peu agréable partie de notre voyage, que le matériel roulant sur le Québec Central Railway est

61 Tetford Mines.

fort mauvais, même le fameux wagon salon ajouté en queue du train dans lequel nous sommes, et dont les montants disjoints produisaient un bruit de vieille ferraille des plus monotones.

C'est seulement en arrivant près de Sherbrook, à la frontière Sud du Canada, que nous retrouvons quelques traces de civilisation dans les trains de flottage de bois qui descendent les torrents. Comme les eaux sont basses, on voit, à perte de vue, des troncs de sapin échoués sur les rochers, jusqu'à ce qu'il plaise à la nature de fournir de l'eau. A un endroit nommé Basin, près Sherbrook, il existe des scieries fort importantes, et les usines sont assez pittoresquement situées près d'un lac.

Enfin, à dix heures du soir, j'atteins Newport, première station des États-Unis, où je prends un repos bien mérité, après une pareille journée, avant de continuer, demain matin, ma route sur Boston.

26 juin.

Partis de Newport à sept heures et demie, nous passons par la contrée accidentée des Montagnes Blanches (*White Mountains*) qui divisent en deux l'Etat de Vermont. La route est des plus pittoresques, fort agréable, et cela nous change du paysage plus que sauvage et désolé, rencontré, la veille, depuis Québec. C'est une petite Suisse que cette partie des États-Unis. Le seul inconvénient est la lenteur de la marche du train. Il n'y a pas de choix pour le voyageur qui se rend à Boston ; à moins de partir de Newport le soir, et, par conséquent, de passer la nuit, il faut prendre un train omnibus de jour qui met dix heures à franchir les 400 kilomètres entre les deux villes.

BOSTON

Nous arrivons à Boston à cinq heures et demie du soir et pouvons encore donner un bon coup d'œil à la ville. Boston est une des plus anciennes cités américaines, et, par ses nombreuses institutions littéraires, a la prétention, assez justifiée, du reste, d'être l'Athènes de l'Union. Son Musée est remarquable, ainsi que le Common-Park, situé, en réalité, dans le centre de la ville et décoré avec infiniment de goût. La ville elle-même présente ce cachet particulier qu'elle n'est pas construite au cordeau, comme toutes les villes américaines visitées par nous. Les maisons et les magasins sont fort beaux, et il règne une grande animation, le soir, dans les rues. C'est, du reste, un samedi soir, et cela se comprend aisément. La ville de Boston a une population de 400.000 habitants et elle est le siège d'un commerce et d'industries fort importants, surtout pour machines, filatures, tissages et ateliers de cordonnerie.

La position géographique est admirable. La ville elle-même est construite sur une sorte de promontoire s'avançant dans la baie. Celle-ci comprend également les faubourgs de Charlestown, Cambridge, East et South Boston, présentant un développement de quais et wharves fort étendus. La profondeur de l'eau à quai est suffisante pour que les plus gros navires puissent s'y amarrer à toute période de marée ; l'entrée de la magnifique rade est protégée par des îlots et une presqu'île, celle de Nantasket, qui forment un abri naturel des plus complets et un port sûr où pourraient se tenir à l'ancre, après avoir franchi les passes, toutes les flottes du monde.

La configuration des quais et wharves de Boston se rapproche beaucoup de ceux de New York, comme aspect général. Mais je dois dire qu'il y a une différence énorme de mouvement commercial entre les deux ports.

27 juin.

Nous continuons, dans la matinée, notre visite de Boston, autant qu'il est possible de le faire, au moins pendant un dimanche protestant, c'est-à-dire bien superficiellement, tout naturellement, et nous allons, par steamer d'excursion, passer la journée sur la plage de Nantasket qui fait face à l'Atlantique. La route suivie par le bateau, à travers les chenaux des îles de la baie, est extrêmement sinueuse, et l'on se demande, à un certain moment, où le steamer va passer.

Décidément, Boston, la ville puritaine par excellence, n'a rien à envier à New York pour les distractions prises le dimanche par les habitants. Les steamers côtiers sont envahis par une foule nombreuse qui se répand sur la belle plage de Nantasket, le long de laquelle sont élevés des hôtels et des restaurants à la portée de toutes les bourses. À cet égard, notre expérience nous indique que la cuisine américaine laisse bien à désirer pour nos estomacs européens, et il nous faut renoncer à un lunch envié et payé dans un de ces restaurants populaires. C'est un mauvais placement dû à notre inexpérience, et il faut recommencer ailleurs. Sur la plage se trouvent une musique assez bonne et aussi des saltimbanques. Nous remarquons, entre autres, comme à Washington et à Philadelphie, une baraque où un nègre passe sa tête à travers une ouverture pratiquée dans une toile. Le pauvre diable sert de but à des balles en caoutchouc que l'on loue aux clients. Le nègre reçoit les coups, et n'a le droit que de courber la tête pour ne pas recevoir les balles en plein visage. C'est triste de voir le degré de dégradation auquel arrive cet échantillon de l'espèce humaine en Amérique. Plus loin, des montagnes russes ; bref, c'est une véritable foire comme à la barrière du Trône.

Décidément, les ministres presbytériens et autres doivent se voiler la face en voyant le progrès fait, aux États-Unis, pays essentiellement protestant, par les distractions du dimanche. Que ne pouvons-nous, en Angleterre, arriver, au moins pour ce jour-là, à la moitié de ce que nous voyons en Amérique.

Nous repartons de Boston le dimanche à sept heures, par le chemin de fer de Fall-River, afin de nous embarquer sur le magnifique steamer qui nous ramènera à New York demain matin.

Le trajet sur 80 kilomètres est tout ce que l'on peut trouver de plus ravissant. Le paysage est des plus agréables par lui-même ; la contrée, avec ses nombreuses maisons, ses usines et sa population dense, nous rappelle beaucoup, comme aspect général, la vallée de la Seine, aux environs de Rouen.

Nous arrivons, à huit heures et demie, à bord du splendide palais flottant, le *Pilgrim*, de la People Line. C'est un hôtel à trois étages de cabines meublées avec un confortable extrême et fort propres. L'ameublement du grand salon et de la salle à manger est d'un goût parfait ; de plus, les prix du restaurant sont inférieurs à ceux d'un hôtel américain, quoique les consommations y soient de premier choix.

Bref, c'est un moyen extrêmement agréable de se rendre de Boston à New York, que de franchir ainsi les 400 kilomètres qui séparent les deux villes. À partir de Fall-River, le bateau descend la rivière Trenton, jusqu'à son embouchure, à Newport, puis il s'engage dans le chenal de Long-Island qui sépare cette île des Etats de Massachussetts et de New York.

Le détroit est assez resserré et protégé par ces deux côtes pour ne pas être trop agité, et l'on se couche pour arriver, le lendemain matin, bien reposé, à New York, au lieu d'avoir passé la nuit dans un sleeping-car de chemin de fer, où la ventilation est défectueuse et le mouvement insupportable.

28 juin.

Vers six heures du matin, je monte sur le pont pour jouir de l'entrée du *Pilgrim*, par la rivière de l'Est, dans le port de New York. De loin, nous voyons les hautes cheminées de Brooklyn, l'énorme faubourg de New York, à notre gauche, puis nous franchissons le chenal d'Hell-Gate où, l'année dernière, on a fait sauter, pour l'anniversaire de l'indépendance, le 4 juillet, une mine énorme préparée depuis dix ans, avec 47.000 kilogrammes de dynamite dans des tunnels creusés à travers une masse de rochers. L'explosion a produit une désagrégation considérable dans le fond du chenal ; mais, néanmoins, les blocs sont encore assez gros pour former écueils, et on en opère l'enlèvement avec des grues à vapeur.

On espère, l'année prochaine, arriver à un tirant d'eau normal de 6 à 7 mètres, sur l'emplacement de l'ancien seuil d'Hell-Gate. Favorisés par un temps splendide, nous jouissons d'une vue magnifique de l'entrée à New York, nous passons sous le monumental pont suspendu de Brooklyn, une des plus grandes merveilles de l'art de l'ingénieur que je connaisse. Nous abordons au wharf de l'Hudson, après avoir, une fois de, plus, contourné la Battery, Governor Island et le chenal de la rivière du Nord.

LES GARES DE CHEMINS DE FER DE NEW YORK

29 juin.

Grâce à l'obligeance de la Compagnie du Pensylvania-Railroad, nous avons pu visiter aujourd'hui, et complètement, les gares à marchandises et à voyageurs desservant New York sur la rive droite de l'Hudson.

À cause de sa position insulaire et aussi de la longueur de l'île de Manhattan, sur laquelle elle est construite, la ville de New York, centre d'un immense réseau de chemins de fer, ne possède, cependant, qu'une seule gare véritable, c'est celle du New York Central, un des plus riches réseaux qui existent comme trafic et qui a quatre voies de rails de New York à Buffalo, sur 725 kilomètres, pour en donner une simple idée, en y comprenant la ligne de West-Shore, le long de l'Hudson, de New York à Albany.

Or donc, pour tous les autres réseaux de chemins de fer, les trains destinés à New York s'arrêtent sur la rive droite de l'Hudson, à Jersey-City et à Hoboken, dans l'État de New-Jersey. Les voyageurs sont transportés par les *Ferry-Boats* à New York, aux frais des Compagnies, et celles-ci possèdent des installations fort complètes à cet égard, soit comme quais, soit comme beaux bateaux-porteurs flottants. Les marchandises (*freight* comme on les appelle ici), sont amenées par les wagons mêmes, aussi par les *ferries*, sur les rails desquels on fait glisser 8 et 10 véhicules, remorqués par des petits vapeurs à hélice jusqu'auprès des gares de New York même. C'est une installation fort remarquable, répartie sur les bords des rivières Hudson et de l'Est, afin de se rapprocher, le plus possible, des points à desservir en ville ; ici, comme, du reste, partout en Amérique, les Compagnies de chemins de fer ne font pas elles-mêmes le camionnage des marchandises.

Aussitôt les wagons déchargés, les colis sont enlevés par les destinataires ou ceux auxquels mandat a été donné. Le rechargement et, par suite, l'utilisation du matériel roulant a lieu à nouveau le même jour. On arrive ainsi, avec un espace et un matériel bien moindres qu'en France, à produire une somme de travail utile bien plus considérable. C'est un point fort important pour l'exploitation, mais impossible à réaliser de notre côté de l'Atlantique, où les formalités administratives et les conditions de concession ne permettent pas une pareille simplification de rouages dans la mise en œuvre des chemins de fer.

30 juin.

Il a fait ici, comme, du reste, depuis plusieurs jours, tant au Canada qu'à Boston, une chaleur excessive. Pas un souffle d'air ne vient tempérer la fournaise dans laquelle nous vivons ou plutôt où nous nous traînons. Pour nous consoler, on nous dit qu'il fait frais, par comparaison à ce que ce sera en juillet et surtout en août. C'est rassurant pour les indigènes, et je comprends parfaitement que les Américains qui peuvent le faire, se sauvent le plus loin possible, en Europe spécialement, au plus grand profit de la Compagnie Transatlantique et de ses concurrentes, car seule elle ne pourrait suffire au trafic.

Nous avons aujourd'hui un devoir des plus agréables à remplir. À bord de *La Bourgogne*, arrivée du Havre à New York, samedi soir, après une courte traversée de sept jours treize heures et quarante-cinq minutes, jusqu'à Sandy-Hook (barre de New York), nous offrons un dîner d'adieu aux fonctionnaires des chemins de fer américains, qui nous ont reçus si gracieusement et si largement, pendant notre séjour aux États-Unis.

La Compagnie Transatlantique a bien voulu mettre à notre disposition son magnifique hôtel flottant, et nous lui en sommes bien reconnaissants, ainsi qu'à ses aimables représentants, MM. de Bébian, l'agent général à New York, Eugène de Bocandé, sous-chef du service commercial, et le commandant Frangeul, de *La Bourgogne*, ainsi qu'au grand-maître des cérémonies et commissaire du bord, M. de Ymaz.

Nous avons le plaisir de voir venir à New York, pour la circonstance, de bons amis que nous nous sommes faits, pendant notre séjour à Saint-Thomas (Ontario), à Chicago, à Washington, à Altoona et à Philadelphie.

Les principaux chefs de service du New York Central, du Michigan Central, du Pennsylvania et de l'Erié Railroads sont avec nous à bord de *La Bourgogne*. Le dîner est des plus gais et animés. Je prends la parole pour remercier, au nom de mes collègues de la Délégation des chemins de fer français, nos amis américains de leur aimable accueil, en témoignant l'espoir que nos bonnes relations personnelles auront une suite par d'autres officielles entre nos Compagnies respectives, appelées dorénavant à se connaître davantage et à s'entraider mutuellement.

M. J.-B. Morford, du Michigan Central, venu du Canada pour la circonstance, répond en termes fort aimables, au nom de ses collègues américains, et nous nous séparons, enchantés les uns des autres.

CONEY ISLAND

Ier juillet

La chaleur d'hier s'est encore accrue, s'il est possible. Aussi, prenons-nous le parti de nous sauver de New York au bord de la mer. Nous allons à Coney-Island, fort joli endroit, situé sur la côte sud de Long-Island, à une vingtaine de kilomètres de New York. On s'y rend par les steamers côtiers à deux étages, qui font le service de la Battery à l'île en moins d'une heure. C'est une excursion des plus agréables et fort peu coûteuse. On peut ainsi, une fois de plus, contempler dans toute sa grandeur cette admirable et, je puis le dire, unique baie de New York, dont on ne se lasse pas.

Coney-Island est un coin de terre basse, sablonneuse, sur lequel, grâce à des spéculations habiles, on a installé de toutes pièces une plage complète, avec hôtels de premier ordre, établissements de bains sur le beau et fin sable de la rive. Bref, pour 25 cents, on vous transporte là de New York, et vous y trouvez les attractions de Brighton et de Dieppe, à une heure de la Cité. Dans de pareilles conditions, il ne me paraît pas surprenant que le succès ait couronné les efforts des créateurs de Coney-Island, secondés comme ils l'ont été par les Compagnies de chemins de fer et de steamers.

Trois fois par semaine, pour augmenter l'attraction, on donne un feu d'artifice magnifique, avec décors et figurants représentant la prise et l'incendie de Moscou. Nous allons assister à ce feu d'artifice, et prenons véritablement grand plaisir à voir la mise en scène. Nous y entendons, naturellement, la *Marseillaise*, jouée, (oh ! anachronisme !) quand Napoléon Ier fait son entrée à Moscou. Elle est, il est vrai, suivie aussitôt par l'air de la *Reine Hortense.* Il y a bien quelques détails qui choquent dans la mise en scène, comme des pantalons rouges et des zouaves, à côté des grenadiers de la vieille garde ; mais il ne faut pas y regarder de si près. Le principal est que les yeux soient satisfaits par le feu d'artifice, et ce résultat est atteint, au moment où le Kremlin s'écroule sous les efforts des flammes et au bruit du canon.

Nous rentrons à New York par le chemin de fer de Long-Island et le bateau, qui nous ramène à la Battery. Puis, l'inévitable et commode chemin de fer Métropolitain aérien nous rend à destination.

2 juillet.

Il nous faut faire nos visites d'adieu à nos amis des Compagnies de chemins de fer de New York, et ils tiennent, une dernière fois, à bien faire les choses avec nous. Il nous faut, de plus, nous occuper de notre installation à bord de *La Bourgogne*[62].

Sa première traversée lui a procuré une réclame splendide pour la Compagnie Transatlantique.

Tout est pris à bord comme cabines de première et de seconde classe, transformées, pour l'occasion, en premières. Enfin, par un de ces miracles, dus à la bonne volonté de l'état-major, nous sommes tous admirablement casés pour la traversée, et nous allons coucher à bord, car il faudra quitter le wharf demain matin, à sept heures.

A BORD DE *LA BOURGOGNE*

3 juillet.

Je me suis levé de bonne heure pour voir les départs des transatlantiques, qui vont se succéder dans l'Hudson. Tout près de nous, les wharves sont fort animés.

De cinq heures et demie à six heures, je vois, consécutivement, s'ébranler le *Furnessia*, qui va à Glasgow, le *Pennland* à Anvers, le *Caland* à Rotterdam, le *City of Berlin* à Liverpool ; enfin, simultanément, à six heures sonnant, l'*Umbria*, de la ligne Cunard, et l'*Aller*, de la ligne brêmoise. Le coup d'œil de l'Hudson, vu du wharf de la Compagnie, est véritablement imposant.

Enfin, un dernier coup de sifflet à vapeur, suivi de celui de la sirène de notre bord, m'avertit qu'on va enlever la passerelle. Je serre encore une fois la main à nos amis américains, et, à sept heures précises, c'est notre tour de démarrer du quai.

Un dernier coup d'œil au spectacle grandiose de New York, avec notre ami le pont de Brooklyn à l'horizon, et nous voilà en grande

62 Le paquebot *La Bourgogne* connut une fin tragique. Le 4 juillet 1898 au large d'Halifax, dans un épais brouillard, il entra en collision avec un voilier anglais et sombra rapidement. Sur les 809 passagers et membres de l'équipage, 625 périrent dans ce naufrage.

rade. Nous stoppons à huit heures cinquante minutes, devant le feu de Sandy Hook, pour débarquer le pilote ; puis, nous voilà en route pour le Havre, à toute vitesse.

Nous dépassons successivement tous nos rivaux ; le *Furnessia*, le *City of Berlin*, le *Caland*, le *Pennland*. Seuls l'*Umbria* et l'*Aller* ne sont plus en vue, à cause de leur marche supérieure et de l'heure d'avance qu'ils ont sur nous.

A midi, nous passons devant l'épave de l'*Oregon*, de la Compagnie Cunard, perdu, le 14 mars dernier, par abordage avec un schooner. On voit encore trois des mâts de l'*Oregon* émerger au-dessus des flots. Autour sont deux sloops et un steamer travaillant à repêcher, au moyen de scaphandres et pour le compte des assureurs, quelques colis de la cargaison et des aménagements du malheureux paquebot. L'*Oregon* est coulé par 37 mètres de fond et se trouve juste dans un des chenaux conduisant à New York. Aussi forme-t-il un véritable écueil dont la présence est signalée par un feu flottant mouillé près de là. Dans l'impossibilité où l'on se trouve de renflouer cette masse de 8.000 tonneaux, il faudra la faire sauter à la dynamite. Cela aura lieu quand les assureurs auront fait le délaissement officiel. Mais il paraît que ce ne sera pas une opération facile à effectuer que celle de la destruction du steamer[63].

Presque au moment où nous passons devant l'*Oregon*, nous perdons de vue les dernières terres basses de Long Island. Adieu l'Amérique !

La mer est calme comme un lac, et ce départ ressemble bien à celui de *La Champagne*, il y a aujourd'hui déjà six semaines, écoulées bien vite et bien agréablement. Nous avons à bord 200 passagers de première, 45 de seconde et 120 de troisième classe.

La salle à manger est tellement pleine que, malgré ses 171 places, il faut créer une *petite* table de second service pour les derniers passagers.

L'organisation du bord est parfaite ; malgré le grand nombre de personnes à servir, tout marche à souhait.

---

63 Le naufrage de l'*Oregon*. Le 14 mars 1886, l'*Oregon* de la Cunard Line en provenance de Liverpool entre en collision avec une goélette et fait naufrage par 40 m de fond au large de Long Island. Tous les passagers transférés sur d'autres navires sont évacués sains et saufs. La Cunard Line fera inspecter l'épave en vue d'un renflouement qui s'avéra impossible, mais permit de récupérer une importante cargaison de diamants. L'épave n'a jamais été détruite.

4 juillet.

Pas un navire en vue de toute la journée. Hier soir, nous avons vu, à grande distance, la fumée d'un steamer, supposé être notre rival, l'*Aller*, de Brême, faisant même route que nous, et nous avons dû le dépasser dans la nuit. La vie du bord s'organise comme à l'ordinaire, et les connaissances se font vite entre les passagers. La soirée est très agréable.

Continuation du beau temps. Nous avons fait depuis hier, en vingt-sept heures, 450 milles, soit 832 kilomètres ; à 31 près, la distance de Paris à Marseille.

C'est aujourd'hui l'anniversaire de l'indépendance des Etats-Unis, célébré religieusement en Amérique. Aussi, à cette occasion, le commandant a-t-il fait déployer, pendant toute la journée, les pavillons français et américain, tant au grand mât qu'à la corne d'artimon et au mât de misaine.

Au dîner, la Compagnie Transatlantique fait circuler le champagne, et le capitaine Frangeul porte le toast de circonstance auquel répond, en excellents termes, un des vieux habitués américains de la ligne, M Edwin Bell, qui traverse l'Atlantique pour la trente-neuvième fois. Entre temps, notre commandant nous dit que c'est aujourd'hui le cent soixantième voyage qu'il fait entre New York et le Havre.

La coutume, en Amérique, pour les départs des steamers, est d'envoyer aux dames passagères des fleurs à profusion. Les tables du grand salon de *La Bourgogne* sont couvertes de roses, de lis et autres fleurs. Le coup d'œil est des plus pittoresques, avec les dames américaines qui ont revêtu leurs toilettes de cérémonie, à cause du 4 juillet.

La soirée se passe fort agréablement au salon et sur le pont, où les promenades sont fort animées. La température s'est sensiblement refroidie. On sent que nous approchons des Bancs de Terre-Neuve, et nous faisons route au Nord-Est, ce qui nous évite de passer dans le Gulf-Stream.

5 juillet

La seule distraction de la journée a été la rencontre de deux voiliers norvégiens avec lesquels nous avons échangé des signaux de position, nos numéros, et qui nous prient de signaler leur rencontre. Nous voici dans la brume, et elle devient épaisse. La sirène et le sifflet ne cessent de faire entendre leurs beuglements stridents. C'est assez monotone.

6 juillet.

Nous avons passé le Banc[64], cette nuit, par une brume compacte, et il fallut ralentir la vitesse de la machine jusqu'à cinquante révolutions seulement. Notre commandant n'a pas quitté la passerelle depuis treize heures consécutives. Il paraît que, cette nuit, nous sommes passés près d'une goélette de pêche, mouillée sur le Banc, et qu'elle l'a échappé de bien peu de chose. Le point nous donne 369 milles seulement, soit 650 kilomètres ; c'est la conséquence forcée du ralentissement dû à la brume.

Dans la journée, comme distraction, on s'occupe d'une loterie pour l'institut Pasteur. Un généreux donateur, passager à bord, qui désire garder un transparent anonyme, car tout le monde le connaît, a donné, dans ce but, une superbe épingle d'or avec perle retour de Panama. La loterie produit juste 1.000 Fr., et le gagnant, pour comble de bonheur, ne veut pas accepter le bijou. Il va donc être mis de nouveau en loterie, et formera le gros lot de celle qui va être organisée en faveur de la Société Centrale de Secours aux Naufragés.

La brume s'est dissipée. Il n'est plus question du Banc, mais il est écrit que nous ne verrons pas d'icebergs. Le commandant ne s'en plaint pas. Cependant je dois dire qu'au point de vue du pittoresque, cela manquera à notre collection de souvenirs de voyage.

7 juillet.

Nous avons à bord quelques musiciens amateurs, dont nous avons déjà pu apprécier le talent et le bon vouloir pour faire passer agréablement nos soirées. Parmi nos passagères se trouve Mlle Aimée[65], qui a créé dans le temps des rôles aux Variétés et a passé aussi par le théâtre de Rouen, mais qui, depuis des années, réside aux Etats-Unis et a fait des tournées dans l'Amérique du Sud. Elle veut bien nous aider à organiser un concert au bénéfice de la Société de Secours aux Naufragés. Avec l'autorisation du commandant (c'est la seconde fois en deux jours que

---

64 Le Banc, autrement dit le Banc de Terre-Neuve.

65 Aimée Tronchon dite Mlle Aimée, divette d'opérette, qui créa l'un des principaux rôles dans *Les Brigands* au Théâtre des Variétés (10 décembre 1869). Très connue en Amérique, Mlle Aimée vécut à Rio de Janeiro et à New York. Le 19 octobre 1875, on la revit aux Variétés dans *La Boulangère a des écus*, puis elle repartit en Amérique. Elle mourut à Auteuil le 2 octobre 1887 et laissa l'usufruit de sa fortune à une personne désignée, pour qu'à la mort de celle-ci l'Orphelinat des Arts en profitât.

nous lui demandons des faveurs), nous organisons, conjointement avec le concert, une tombola. C'est la grande distraction et l'occupation du bord pendant toute l'après-midi. Le temps est toujours splendide, la mer calme ; aussi, nos dames patronnesses passagères prennent-elles à cœur leur rôle de solliciteuses auprès du *public*, et les 300 billets à un dollar sont-ils enlevés avec un entrain remarquable. Ce qui ne l'est pas moins, c'est de voir comment soixante lots se sont trouvés improvisés à bord et exposés à l'*admiration* des passagers dans le grand salon, au moment du dîner.

La Société de Secours aux Naufragés aura fait une bonne affaire à bord de *La Bourgogne*. Le concert est fixé pour vendredi soir. Grands préparatifs demain, répétitions générales, impression d'un programme superbe, illustré par un artiste du bord, notre collègue et ami Barabant ; rien ne manquera à cette fête de famille, pourvu que la mer ne se mêle pas de la contrarier.

Rencontré un vapeur faisant même route que nous. C'est le seul navire vu dans la journée.

Nous avons relevé aujourd'hui un parcours de 440 milles en vingt-quatre heures ; c'est le plus haut chiffre que nous ayons encore réalisé depuis que nous sommes les hôtes de la Compagnie Transatlantique ; cela représente 815 kilomètres ou 33 kilomètres 9 dixièmes à l'heure.

8 juillet.

Temps toujours magnifique ; point de navires en vue de toute la journée.

Pour varier les plaisirs du bord en raison du succès colossal obtenu par le placement des billets, on a décidé que le tirage aurait lieu aujourd'hui, après-midi. Grands préparatifs dans le salon. Tous les *actionnaires* sont présents à l'assemblée générale. Bien des lots obtiennent des succès d'hilarité folle, quand on découvre ce que sont les *surprises*, empaquetées délicatement par des mains féminines. Un des plus réussis a été l'attribution d'un bon pour frisure de cheveux par le coiffeur du bord et qui, naturellement, est tombé à un passager dont le crâne est aussi garni que le genou. Il prend, du reste, la chose fort gaîment. Nous avons donc réussi à mettre déjà 1.500 Fr. dans la caisse de la Société de Secours aux Naufragés. C'est un beau résultat. Route relevée aujourd'hui, 420 milles, soit 778 kilomètres.

9 juillet

Pas d'incidents à bord. Toujours continuation de la bonne chance qui protège *La Bourgogne.* Décidément pour un vieux voyageur comme moi, je vais être trompé par l'Océan. Il ne veut pas nous montrer ses grosses lames. Personne, du reste, ne s'en plaint à bord. Il n'y a pas eu, depuis le commencement du voyage, le moindre *creux* dans le salon des premières, et il faut toujours faire le second service à la petite table. La température est simplement délicieuse sur le pont, et les promenades *hygiéniques* se succèdent jusqu'à une heure avancée de la soirée.

L'attraction de la journée, ce sont les répétitions des artistes. Nous avons ainsi un avant-goût des splendeurs qui nous sont réservées pour ce soir. Le point nous donne, à midi, 410 milles, soit 758 kilomètres. La faible différence en moins sur hier est attribuable au peu de brise, qui n'active pas assez le tirage dans la chaufferie. Mais c'est une véritable horloge que notre machine. Depuis six jours passés que nous sommes partis de New York, elle n'a pas été stoppée une seule fois, et elle effectue régulièrement ses cinquante-huit révolutions par minute.

Il faut encore recourir à la bonne volonté inépuisable du commandant Frangeul. Le piano est installé dans le salon supérieur ; en raison du nombre de spectateurs, il faut transférer la salle habituelle des concerts dans le grand salon de la salle à manger. Le charpentier du bord fait délicatement le transfert demandé, et nous avons, à neuf heures du soir, une salle de concert véritablement remarquable. Tout le monde est à son poste. Les artistes sont à la hauteur des circonstances.

Le programme comprend des morceaux de piano, joués par trois excellents amateurs passagers, MM. Ed. Sandford, Cooney et Staats ; un violoniste, M. Jaros ; deux chanteurs, MM. Dorbesson et Gasc. Ce dernier, bien connu déjà, obtient surtout un légitime succès non seulement comme chanteur, mais aussi comme accompagnateur, et nous sommes heureux de voir notre camarade de tournée si bien accueilli, ainsi que l'aimable organisatrice de l'œuvre de bienfaisance, Mlle Aimée. Cette dernière s'est prodiguée, et elle a eu les honneurs de rappels, bien mérités par la vaillante artiste.

Entre les deux parties du concert, le commandant Frangeul profite de l'intervalle pour adresser à l'assistance ses remerciements pour le don généreux fait par ses passagers à l'œuvre de la Société. Il annonce en même temps que la vente des programmes, illustrés par un de ses clients, a produit 200 francs, auxquels un riche Américain, désireux de garder l'anonyme, a ajouté 125 francs. Cette dernière somme de 325 francs est destinée à l'Orphelinat des Arts de Paris[66].

On voit ainsi qu'à bord de *La Bourgogne*, tout en s'amusant le plus possible, on pense aux infortunes de terre, et que tout est pour le mieux sur le meilleur des navires possibles.

La soirée se termine par l'annonce par le commandant que si le beau temps qui nous favorise continue, nous verrons les Sorlingues demain vers une heure de l'après-midi.

C'est avec plaisir que nous recevons cette nouvelle de la bouche de notre excellent capitaine, bien que le régime à bord de *La Bourgogne* soit bien doux pour nous tous et que nous éprouvions un certain sentiment de regret à la pensée de quitter cet excellent paquebot.

10 juillet.

Toujours beau temps. Tous les passagers habitués de la ligne s'accordent à dire qu'il est bien rare de trouver, même dans cette saison, une pareille succession de beaux jours. On convient de s'en rapporter à l'arbitrage souverain du commandant pour trancher la question. M. Frangeul déclare n'avoir jamais fait pareil voyage, sauf sur *La Normandie*[67].

Il y a véritablement un bon sort de jeté sur nous par une fée bienfaisante.

Pour comble de bonheur, après le point, qui nous donne 410 milles, voilà qu'à une heure et trois minutes nous voyons poindre à l'horizon les rochers des Sorlingues. C'est d'abord un point presque imperceptible, mais il grossit peu à peu et nous développe bientôt un splendide paysage. Je défie qui que ce soit, après sept jours de mer, sans voir la terre, de se défendre d'une certaine émotion en la revoyant. C'est le cas

---

66 *Orphelinat des Arts de Paris*. Fondée en 1881 par l'actrice Marie Laurent, assistée de Sarah Bernhardt et Hortense Schneider, cette association s'était fixée pour objectif l'aide aux enfants d'artistes dans le besoin. Elle se perpétue sous le nom *Les Enfants des Arts* et s'implique dans le fonctionnement et la gestion d'un foyer pour jeunes talents scolarisés en région parisienne, en particulier dans les disciplines artistiques.

67 *La Normandie*. Lancé le 28 octobre 1882 sous le nom de *Normandie*, il est le premier navire de la compagnie à passer la capacité de 1000 passagers et à être doté de l'éclairage électrique. *La Normandie* effectua son premier voyage du Havre à New York en 8 jours et 11 heures. Le *Normandie* resta un prototype, dont l'expérience est mise à profit pour la construction de quatre paquebots à grande vitesse : *La Champagne*, *La Bretagne*, *La Bourgogne* et *La Gascogne*, qui entrent en service en 1886. Le *Normandie* est alors rebaptisé *La Normandie*.

de tous nos passagers, et l'on se porte en foule sur le gaillard d'avant pour mieux la contempler.

Nous distinguons d'abord le phare de Bishop, isolé sur un rocher, puis l'archipel des Sorlingues et enfin Saint-Mary avec le poste sémaphorique, de laquelle nous correspondons par signaux. Nous sommes signalés simultanément à Paris, Londres et New York, et ce soir même, tous nos amis pourront connaître le résultat de la magnifique traversée accomplie dans de si heureuses conditions.

Nous laissons les Sorlingues à tribord et reconnaissons la terre du cap Land's-End, la pointe de Cornouailles, une de mes vieilles connaissances où, avec la longue-vue, je reconnais les maisons et les rochers à travers lesquels je me suis promené, il y a quelques années.

Successivement, nous voyons, en longeant la côte anglaise, à faible distance, par une mer splendide, Penzance, le Mont-Saint-Michel d'Angleterre, les phares du Lizard, avec lesquels nous échangeons de nouveaux signaux, puis nous piquons au Sud-Est vers Cherbourg, et nous embarquons le pilote du Havre à cinq heures trois quarts du soir, devant Falmouth.

Nous remercions le commandant Frangeul de nous avoir procuré un pareil spectacle. Il s'en défend modestement en nous disant que, grâce au temps exceptionnel dont nous avons joui aujourd'hui, il a pu prendre le chenal Nord des Sorlingues et faire connaissance avec lui. Nous nous en félicitons tous, nous, simples passagers de *La Bourgogne.*

Le dîner d'adieu est digne, par le menu, des grands restaurants de Paris, bien que nous soyons depuis sept jours et demi à la mer. Il est de tradition, à la Compagnie Transatlantique, de faire grandement les choses, et le champagne circule à profusion sur les tables.

Deux de nos passagers, MM. Stanford et Bell se lèvent pour remercier le commandant et le féliciter de sa traversée exceptionnelle. Enfin, le capitaine remercie, au nom de la Compagnie, pour l'accueil qui lui est fait, et qu'il mérite si bien pour les soins et l'urbanité exquise dont il a entouré ses passagers. Ainsi se termine notre dernière et agréable journée à bord de *La Bourgogne.*

11 juillet.

Nous passions, vers dix heures du soir, par le travers des Casquets, et nous apercevions, dans cette nuit et par ce magnifique clair de lune, les feux de Guernesey, Aurigny et en même temps des Casquets.

Enfin, je me retire dans ma cabine, pensant trouver le repos après cette journée bien remplie. Vain espoir ! Le voisinage de la terre fait qu'il règne sur le pont, toute la nuit, une animation inaccoutumée. Conclusion : il est impossible de fermer l'œil. Vers quatre heures, je remonte sur le pont, et nous voyons distinctement devant nous le cap de la Hève. Enfin, à cinq heures quarante-cinq minutes, nous stoppons en rade, après avoir parcouru nos 3.137 milles (5.892 kilomètres), depuis Sandy Hook, en sept jours et quatorze heures, en tenant compte de la différence du temps. Cela représente, pour la traversée, une vitesse moyenne de 17 nœuds 47 ou 32 kilomètres 36 à l'heure avec une consommation de houille s'élevant à 170 tonnes par vingt-quatre heures. C'est un magnifique résultat pour une première traversée en grande vitesse, effectuée par un paquebot neuf comme *La Bourgogne.*

Quels soins assidus il faut donner à la machine pour arriver à cela et quelle somme de dévouement, on peut bien le dire, la Compagnie trouve dans son personnel !

Voici notre voyage terminé et heureusement. Qu'il me soit permis, tout d'abord, d'adresser mes remerciements et ceux de mes collègues de la Délégation, à la Compagnie Générale Transatlantique pour la courtoisie dont elle a fait preuve envers nos Compagnies de chemins de fer français, courtoisie grâce à laquelle nous avons pu effectuer ce splendide voyage dans des conditions inespérées par nous tous, de confortable et de bon accueil partout. Que le délégué de la Transatlantique, M. Eugène de Bocandé, veuille bien accepter sa part de ces remerciements. Ils lui sont bien dus par nous tous pour les efforts faits par lui, afin d'assurer notre confort tant à bord qu'à terre.

Avant de quitter *La Bourgogne*, nous disons adieu au brave et digne commandant Frangeul, devenu l'ami de tout le monde à bord et dont les soins et la vigilance incessante ont contribué à donner la sécurité et le bien-être à tous. Je ne dois pas oublier non plus le commissaire du bord, M. Henri de Ymaz, ainsi que notre aimable docteur, M. Dereccagaix, et le chef mécanicien, M. Martin.

CONCLUSIONS

Je viens de passer trente-trois jours en Amérique, et je reviens étonné de tout ce que j'y ai vu, au point de vue commercial et des chemins de fer.

A l'égard de ceux-ci, les conditions d'exploitation sont tellement différentes de ce qui se passe en Europe, qu'il y a peu de points de comparaison à établir. Les trajets en Amérique sont immenses. De là, nécessité d'un matériel spécial répondant à un besoin de confortable plus grand qu'en Europe. Il n'existe qu'une classe de voyageurs proprement dite. Les suppléments, équivalents à la première classe d'Europe, sont payés, la plupart du temps, à des entreprises particulières, telles que les Compagnies Pullman, Wagner et Mann, qui font l'entretien de leur matériel roulant et perçoivent les excédents de tarifs comme rémunération du service des wagons-lits, restaurants, etc.

Quant au tracé, établi dans un pays généralement plat, sans fortes rampes sauf la traversée des Alleghanys sur le Pensylvania Railroad, il permet des longueurs énormes de lignes droites, plus faciles à exploiter économiquement que les voies européennes, tout en chargeant davantage les trains, surtout ceux de marchandises.

A l'égard de ces dernières et aussi des voyageurs, les compagnies américaines sont entièrement libres de modifier leurs tarifs suivant les nécessités de la concurrence, puis, et surtout, suivant les lois économiques de l'offre et de la demande. Pourvu qu'elles ne dépassent pas les limites maxima fixées par leurs actes de concession, elles peuvent se mouvoir, à cet égard, sans les entraves administratives d'Europe, et les homologations de tarifs par l'Etat sont chose parfaitement inconnue de l'autre côté de l'Atlantique.

On voit d'ici les conséquences économiques d'un pareil état de choses. La concurrence fait que les tarifs sont bas, plus bas qu'en Europe par kilomètre de train. Néanmoins, en raison des quantités immenses des marchandises transportées par wagons complets jusqu'aux ports de l'Est, New York, Boston, Baltimore et Philadelphie, toutes ces Compagnies trouvent à gagner convenablement la rémunération des capitaux engagés.

Au Canada, les deux grandes Compagnies Grand Trunk et Canadian Pacific arrivent également à s'en tirer. Une ligne de navigation des plus considérables et des plus complètes, celle des grands lacs Supérieur, Michigan, Huron, Erié et Ontario, reliés entre eux par des canaux à larges sections, aboutit au splendide Saint-Laurent, leur débouché naturel, leur fait cependant, pendant les mois d'été, une rude concurrence.

Quant à la vitesse des trains de voyageurs, elle n'est pas plus considérable qu'en Europe, même pour les express dénommés *Limited*, pour l'usage desquels les voyageurs paient un tarif plus élevé, ce qui est, en somme, de toute équité.

En ce qui concerne les trains ordinaires, c'est à peu près la même vitesse qu'en Europe, et pour les trains de marchandises on arrive par des marches régulières, peu excessives cependant, mais en évitant les arrêts et les transbordements inutiles, à leur faire parcourir, par exemple, la distance de Chicago à New York (1.513 kilomètres), régulièrement en 60 heures.

Les voies sont bonnes, beaucoup mieux entretenues que nous ne pouvions le supposer, et ce qui nous a particulièrement frappés tous, c'est la simplification extrême des signaux, dont il y a un tel luxe en Europe ; et pourtant tout cela fonctionne régulièrement, en Amérique, sans occasionner trop d'accidents.

A l'égard de ces derniers dont on parle toujours, il faut bien tenir compte de ce fait que les réseaux américains présentent plus de 230.000 kilomètres exploités. C'est presque sept fois l'ensemble des réseaux français. Si l'on songe au trafic énorme des transports en Amérique, aussi bien en voyageurs qu'en marchandises, je suis convaincu que la proportion des accidents n'est pas beaucoup plus considérable qu'en Europe.

Me plaçant maintenant à un point de vue autre que celui des chemins de fer, je veux parler de mes impressions commerciales.

Avec l'esprit d'initiative du peuple américain, combiné avec le champ immense qui lui est ouvert, dans des territoires encore vierges, à l'immigration et à la colonisation sans entraves aucunes, je considère que les prix de revient des céréales, salaisons et viandes fraîches, étant des plus bas, et pour cause, c'est un grave problème pour le vieux monde que cette production illimitée et qui doit forcément s'écouler, quand même on établira pour l'entrée en France des droits protecteurs élevés. C'est une simple question de plus ou moins de bénéfices à réaliser par les producteurs.

D'un autre côté, il faut bien envisager que les États-Unis amortissent leur dette publique sur le taux de 400 millions de francs par an, et qu'avant peu d'années toute trace de la guerre de Sécession aura disparu du budget. Déjà, on se pose, à Washington, la question de savoir comment on emploiera, dans l'avenir, les excédents budgétaires. Heureux pays, qui n'a pas chez lui le fléau des armées permanentes et qui, par son immensité même, n'est pas vulnérable.

Pour résumer mes impressions de voyage en Amérique, j'admire les grandes choses que j'y ai vues, mais j'appréhende l'avenir, économiquement parlant, et cela prochainement, pour la vieille Europe.

Tony VISINET

BIBLIOGRAPHIE

BARBANCE, Marthe, *Histoire de la Compagnie Générale Transatlantique : un siècle d'exploitation maritime*, Paris, Arts et métiers graphiques, 1955.

BÉNÉZIT, Emmanuel, *Dictionnaire critique et documentaire des peintres, sculpteurs, dessinateurs & graveurs de tous les temps et de tous les pays*, Paris, Gründ, 1924. Articles : Edouard Detaille, Charles Müller, Vicenzo Vela, Théophile François Henri Poilpot.

Biographical Directory of the United States Congress, articles : Robert Milligan McLane, Carter Harrison.

COTTEAU, Edmond, *Six mille lieues en soixante jours – Amérique du Nord*, Société des sciences historiques et naturelles de l'Yonne, 1877.

Dictionnaire biographique du Canada, article Beaugrand, Honoré.

Dictionnaire des Comédiens français (Ceux d'hier), Biographie, Bibliographie, Iconographie, Ouvrage illustré de nombreux portraits, autographes, vues, scènes, etc. par Henry Lyonnet, 1912, article : Aimée Tronchon dite Mlle Aimée.

Encyclopaedia Britannica, articles : Haymarket Square affair, Presidency of James A. Garfield, Philip H. Sheridan, Grover Cleveland, Karl von Struve, Ulysses S. Grant, Battle of the Monitor and Merrimack, Canada Act, Battle of Carillon.

FERRI PISANI, lieutenant-colonel, *Lettres sur les États-Unis d'Amérique*, Paris, Librairie de L. Hachette et Cie, 1862.

Journal de Rouen (Le), 22 mai 1886 ; 17 octobre 1886 ; 9 Juillet 1898, naufrage de *La Bourgogne* ; 8 février 1905.

LAFOND, Joseph, « Auguste-Théodore Visinet. Un libéral rouennais du XIXe siècle », *Bulletin de l'Académie des Sciences, Belles Lettres et Arts de Rouen*, 1980.

LAMOTHE, Henri-Félix de, *Cinq mois chez les Français d'Amérique*, Paris, Librairie Hachette et Cie, 1979.

Les Enfants des Arts, site internet de l'association.

RICHÉ, Pascal, « Le testament du président McKinley », *Le Monde*, vendredi 4 avril 2025, p. 26.

SAND, Maurice, *Six mille lieues à toute vapeur*, Paris, Michel Lévy Frères, 1862.

VERNE, Jules, *Le Tour du monde en quatre-vingts jours*, Paris, Pierre-Jules Hetzel, 1872.

VERNE, Jules, *Le Tour du monde en quatre-vingts jours*. Édition de William Butcher. Illustrations par de Neuville et L. Benett, Paris, Gallimard, « Folio », 2009.

Wikipédia, articles : SS *Oregon* (1883), *La Normandie* (paquebot de 1883).

INDEX LOCORUM

INDEX NOMINUM

TABLE DES ILLUSTRATIONS

TABLE DES MATIÈRES

UN MOIS AUX ÉTATS-UNIS ET AU CANADA

COLLECTION
« GÉOGRAPHIES DU MONDE »

Cette collection d'études et de documents envisage la littérature géographique sous le signe du pluriel et de la varietas. Délaissant le récit de voyage au sens strict, elle s'intéresse aux arts, aux techniques et aux mythes qui, depuis cinq siècles, ont successivement modelé l'image du monde, ordonnant d'autre part sur un modèle spatial la façon de penser l'histoire et la diversité des cultures.

Retrouvez tous les titres de la collection en scannant ce code QR :

Et pour recevoir nos dernières actualités, abonnez-vous ici :

Achevé d'imprimer par Corlet,
Condé-en-Normandie (Calvados),
en Septembre 2025
N° d'impression : 188752 - dépôt légal : Septembre 2025
Imprimé en France